Hänssler-Verlag
Neuhausen-Stuttgart

Masada

Raphael Posner / A. van der Heyden

Umschlaggestaltung: BOB VARI

Deutsche Bearbeitung: Jizchak Barsam
Redaktionelle Beratung: Rachel Gilon

CIP-Kurztitelaufnahme der Deutschen Bibliothek

Posner, Raphael:
Masada / Raphael Posner; A. van der Heyden. — Neuhausen-Stuttgart: Hänssler, 1981.
(TELOS-Bücher; Nr. 2132: TELOS-Präsente)
ISBN 3-7751-0549-2
NE: Heyden, Antonius A. M. van der:; GT

ISBN 3-7751-0549-2
Raphael Posner
TELOS-Präsente Nr. 2132

Herausgeber: Hänssler-Verlag, Neuhausen-Stuttgart
Bilder: A. van der Heyden

Printed in Belgium by Offset Printing Van Den Bossche

Vorsatz: Blick nach Osten durch die Säulen des herodianischen Nordpalastes.
Titelseite: Blick von Nordosten auf Masada.
I. Blumen in der Wüste. Ein typisches Bild von Masada nach dem Regen.
II. Die Säulenkapitelle auf der untersten Flächenebene der Nordvilla ragen wie bekränzte Köpfe in den Himmel.
III. Ein einfaches und bescheidenes Mosaik, das im offiziellen Residenzpalast Herodes' entdeckt wurde.
IV. Das römische Lager, wie es vom Gipfelplateau Masadas erkennbar ist.

I

II

Inhaltsverzeichnis

III

IV

Vorwort

Masada ist ein Felsen in der Wüste. Sie ist eine überschwenglich und luxuriös ausgestattete Festung, von einem paranoischen Herrscher erbaut. Sie ist ein heroischer Akt freiwilligen Todes, der konsequent vollzogen wurde, nachdem alle Hoffnung geschwunden war. Sie ist eine archäologische Forschungsarbeit von ungeahnten Ausmaßen. Doch Masada ist mehr als dies. Sie ist ein stummes Mahnmal außergewöhnlichen Mutes und ein Symbol für eine neugeborene Nation.

Die Archäologen haben Masada für den modernen Besucher und Touristen zurechtgemacht. Wir haben ausgezeichnete Zugangsstraßen und selbst eine Drahtseilbahn ist vorhanden, die uns bequem hinaufführt. Die Ruinen sind größtenteils restauriert, mit Leichtigkeit kann man die verschiedenen Gebäude und deren Funktion erkennen. Und doch zwingt ein Besuch auf Masada den Touristen, sich mit ernsthafteren Problemen als den technischen Fragen der Archäologie auseinanderzusetzen.

Vor den Ausgrabungen stammte alles, was wir über Masada wußten, aus der Feder von Flavius Josephus, der im 1. Jahrhundert n. Chr. eine Geschichte des jüdischen Aufstands schrieb. Die Archäologen orientierten sich bei ihren Forschungsarbeiten an diesem Werk und sehr bald stellte es sich heraus, daß Josephus' Darstellung prinzipiell korrekt war. Es ist jedoch nicht uninteressant, sich zu vergegenwärtigen, was wohl die Konsequenzen gewesen wären, die die Archäologen gezogen hätten, hätte Josephus den Jüdischen Krieg *nicht geschrieben. Hätten sie die dramatischen Ereignisse, die sich auf Masada abspielten, wohl rekonstruieren können, oder wären die zahlreichen Ausgrabungsergebnisse zu einem vollkommen verschiedenen Bild zusammengefügt worden?*

Ein Besuch auf Masada ist nicht nur ein Streifzug durch Ruinen und restaurierte Bauten, er ist auch eine historische Untersuchung. Unser Ziel in diesem Buch war, diese aufregende Periode in der Geschichte Israels — quasi aus der Vogelperspektive gesehen — darzustellen. Viele Details, die von verschiedenen Forschern des langen und breiten erörtert werden, haben wir nicht berührt. Für uns sind die Aufständischen auf Masada religiöse Eiferer und wir wollen uns nicht mit der Frage beschäftigen, welcher Gruppe sie angehörten oder was genau ihre philosophische Lebensanschauung war. Wer an diesen Themen Interesse hat, kann in zahlreichen Nachschlagewerken leicht Antwort auf diese Fragen finden. Was wir versucht haben, war, Masada und seine Forschungsergebnisse in ihren historischen Rahmen zu stellen und einige bisher unerforschte Punkte aufzudecken.

Mit den Wiederherstellungsarbeiten auf Masada wurde nach der Errichtung des Staates Israel begonnen. Diese Tatsache ist an und für sich leicht verständlich. Der Fall Masadas versinnbildlicht das Ende jüdischer Unabhängigkeit im Heiligen Land und ist demnach ein wichtiges Symbol für Israel. Im Laufe der eintausendachthundertvierundsiebzig Jahre, die zwischen Masada und der Unabhängigkeitserklärung des Staates Israel im Jahre 1948 liegen, wurde das Land von Fremden beherrscht. Israelische Bürger betrachten sich als die Nachkommen und geistigen Erben jener Nation, deren Fall von Männern, Frauen und Kindern, die den Tod der Sklaverei vorgezogen hatten, symbolisiert wird.

Als archäologische Stätte ist Masada außerordentlich eindrucksvoll. Als nüchterner Tatsachenbericht ist es eine erschütternde Erzählung und vermittelt tiefen Einblick in die menschliche Seele.

DER WEG NACH MASADA

Masada grenzt an die judäische Wüste und das Tote Meer. Kilometerweit beherrscht der mächtige Fels die öde Landschaft und ist von weither erkennbar. Wer von Westen herankommt, muß tiefe Wadis und Hügel in sengender Sonne überwinden, um an den Felsen zu gelangen. Wer von Osten kommt, zieht am Toten Meer westwärts über flache Hügel, die sich nur einige Meter hoch erheben und wie Miniaturen der mächtigen Bergketten in der Ferne wirken. Hier ragt dieser Fels vierhundert Meter in den Himmel hoch – von den Arabern Al Saba genannt, heute in der ganzen Welt unter dem Namen Masada bekannt.

1. Masada, von Westen gesehen. Im Hintergrund das Tote Meer. Im Vordergrund kann man die Erdrampe klar erkennen. Zu ihren Füßen die Überreste des Lagers, das die Archäologen aufschlugen und die moderne Straße, die von Arad hierher führt.

1

2

2. Dieser Blick vom Gipfelplateau nach Osten zeigt die verschiedenen Felsengestaltungen zwischen Masada und dem Toten Meer. Die kleineren Formen, die oben abgeflacht sind, sehen wie eine verkleinerte Ausgabe der riesenhaften Berge rings um den See aus.

Heute ist es für den Besucher leicht, nach Masada zu gelangen. Von Osten führt eine gute Straße zum Fuße des Berges und von dort bringt ihn eine Drahtseilbahn, wie in der Schweiz, auf den Gipfel. Noch vor einigen Jahren mußte man frühmorgens aufstehen, um nicht in brennender Hitze fünfeinhalb Kilometer zu Fuß den Berg zu besteigen. Auch der Zugang von Westen ist verhältnismäßig bequem. Eine moderne Straße zieht sich von der neuen Stadt Arad durch die Wüste und führt direkt zur Erdrampe, die die Römer errichteten, um einen Rammpfahl an die Festungsmauern heranzuführen. Von hier ist es verhältnismäßig leicht, zur Bergspitze zu gelangen. Bevor die Römer im Jahre 72 n. Chr. (einige Gelehrte sind heute der Meinung, es sei im Jahre 73 gewesen) diese Rampe errichteten, mußte man einen schmalen Pfad erklettern, der sich zweihundert Meter hoch zieht.

3

3. Wenn man nach Südosten blickt, sieht es aus, als ob der See an den Berg grenzt.

4

4. Eine Gruppe von Besuchern, die ihre Klettertour auf die Erdrampe beginnen. Der Weg rechts von der Rampe ermöglicht bei nicht zu heißem Wetter einen ziemlich annehmbaren Aufstieg.

5

7

6

5. Bei diesem Blick von Westen auf Masada kann man links die Straße nach Arad deutlich erkennen. Die "Stufen" am Nordabhang des Berges sind ein untrügliches Erkennungsmerkmal.
6. Auch in diesem Bild sind die "Stufen" erkenntlich. Diese Fotografie wurde von der Straße, die sich am Westufer des Toten Meeres entlangzieht, aufgenommen.
7. Steinmarkierungen, die von den Straßenbauern am Ufer des Toten Meeres nach dem Jahre 1967 errichtet wurden. Das Meer selbst und die Berge am anderen Ufer in Jordanien sind eine Kulisse, derer sich kein Bühnenbildner schämen muß.

Der Weg nach Masada ist auch an und für sich interessant. Die judäische Wüste erstreckt sich vom Osten Jerusalems bis zum Toten Meer. Sie gleicht ganz und gar nicht jenen legendären arabischen Wüsten mit endlosen Dünen; wild ist sie, steinig und von tiefen Furchen durchschnitten. Im Winter sieht man hie und da kleine grüne Flecke — Anzeichen des spärlichen Winterregens, der hier vom Himmel rieselt, aber nutzlos abfließt. Je näher man zum Ostende dieser Wildnis herankommt, desto tiefer werden die Täler und desto höher die Hügel. Im Osten die bedrückende Dürre des Tales vom Toten Meer. Der See schimmert silbern in der Sonne, doch die Luft ist schwer und beladen mit Mineralausdünstungen, die hier, am tiefsten Punkt der Welt, verdampfen. Wenn man vom Toten Meer westwärts blickt, sehen die Berge am Rand der judäischen Wüste wie eine Riesenmauer aus, die dieses verschlafene Tal von der Außenwelt abtrennen. Das Panorama, macht den Eindruck, daß einmal, vor langer, langer Zeit das ganze Tal voll Wasser war. Doch all das war vor sehr langer Zeit, noch vor Beginn der menschlichen Geschichte.

Die massive Bergkette ist jedoch nicht undurchdringlich. Zwischen den sich aufbäumenden Felsen zwängen sich die Täler der judäischen Wüste zum Meer und im Winter strömen große Wassermengen in ihnen zum See und reißen alles mit sich. Doch das Tote Meer bleibt, was es immer schon war – ein Salzsee. Man wird an den Prediger Salomo erinnert: "Alle Wasser laufen ins Meer, doch wird das Meer nicht voller". (1, 7)

8

8. Ein Wadi im Westen von Masada. Die wechselnden Schatten betonen den Umriß des Vorgebirges.

10

9

9/10. Im Winter füllen sich diese Wadis mit Wasserströmen, die alles, was ihnen im Weg steht, wegschwemmen. Das Wasser reißt Geröll mit sich und es kann lebensgefährlich sein, wenn man in einem Wadi vom Regen überrascht wird. Viele haben dies schon mit dem Tod bezahlt.

In der ersten Hälfte des ersten Jahrhunderts v. Chr. begann die Herrschaft des mächtigen römischen Imperiums über das kleine Königreich Judäa. Im Jahre 63 v. Chr. entschied Pompejus, der berühmte römische General, die Streitfrage um die Erbfolge zwischen den beiden Söhnen der Königin Salome Alexandra und von diesem Zeitpunkt an wurde Judäa Rom unterworfen, obgleich es den Anschein der Unabhängigkeit behalten durfte (König, Hoherpriester und politische Institutionen). Doch mit dem Tode Herodes im Jahre 4 v. Chr. ging auch das Königtum zu Ende und wurde zur Ethnarchie. Das stolze kleine Land, das seine Unabhängigkeit im Kampf mit dem mächtigen Seleukidenreich von Syrien erfochten hatte, wurde nun faktisch ein Distrikt der römischen Provinz in Syrien. Es wäre wohl auch dem römischen Staat einverleibt worden, hätte ihre Religion dies nicht vereitelt. Die Juden konnten die Anbetung von Herrschern – in welcher Form sie sich auch äußerte – nicht akzeptieren. Diese Art von Fanatismus, zusammen mit der Schmach der Unselbständigkeit und der Raubgier römischer Prokuratoren, die oft ihre Macht und ihren Posten mit Geld erkauften, war ein Pulverfaß, das einmal explodieren mußte.

Im Jahre 66 n. Chr. begann die große Judenrevolte gegen die Römer. Dieser Aufstand stand unter dem Zeichen des schmachvollen Verhaltens Florus, des Prokurators von Jerusalem. Die römische Besatzung in Jerusalem wurde vernichtet und eine Kampftruppe, die von Syrien gesandt wurde, um den Aufstand niederzuschlagen, wurde noch am Weg nach Jerusalem besiegt. Die Juden proklamierten eine vorübergehende Regierung und prägten sogar besondere Münzen zu Ehren der jüdischen Unabhängigkeit.

Langsam und unerbittlich setzte sich jedoch die römische Kriegsmaschine in Bewegung und das Endresultat war nur noch eine Frage der Zeit. Eine nach der anderen wurden jüdische Gemeinden ausgelöscht und im Jahre 70 n. Chr. stand das römische Heer unter seinem zukünftigen Herrscher Titus vor Jerusalem. Der Fall von Jerusalem und die Vernichtung des Tempels waren ein schwerer Schlag für die Juden und ein bitterer Schmerz für alle, die messianische Hoffnungen gehegt hatten. Eine Zeitlang hatte es ja ausgesehen, als ob sich die Ereignisse der Makkabäerzeiten wiederholen sollten, doch dann war dieser Traum eines Tages vorbei und wich einer schlimmen Wirklichkeit. Judäa war verloren.

11

11. Der römische Kaiser Augustus, der nach seinem Tod im Jahre 14 n. Chr. zum Gott proklamiert wurde. Diese Standbilder waren den Juden ein Greuel.

12

12. Ein alter Jude liest aus dem Buch der Psalmen an der Klagemauer in Jerusalem. Die riesigen rechteckigen Steine sind für den herodianischen Baustil charakteristisch.

Zu Beginn des großen Aufstandes gelang es einem Zelotenführer, Menachem ben Juda aus Galiläa, Masada der römischen Garnison abzuringen. Dies geschah mit Hilfe einer "Kriegslist", wie der jüdische Kommandant Joseph ben Matitjahu — später als Historiker unter dem Namen Flavius Josephus bekannt — dies bezeichnete. Jener Menachem verließ die Besatzung auf Masada und kehrte nach Jerusalem zurück. Er wiegte sich in der Hoffnung, der Führer der Juden zu werden. In den unvermeidlichen Machtkämpfen sorgte er für die Ermordung einiger politischer Rivalen. Er ging sogar so weit, in königlicher Tracht im Tempel zu erscheinen. Als er selbst später ermordet wurde, verließ sein Neffe Eleasar ben Jair Jerusalem und wurde der Befehlshaber von Masada. Nach der Zerstörung Jerusalems flohen die Streiter mit ihren Familien nach Masada, dem letzten Überrest jüdischer Unabhängigkeit, um dort ihr Schicksal in die Hände Gottes zu legen.

Im Jahre 72 (oder 73) n. Chr. zog die Zehnte Römische Legion unter Flavius Silva mit Tausenden von jüdischen Kriegsgefangenen gegen Masada, um einen endgültigen Schlußpunkt unter den Aufstand zu setzen.

13

13. Ein Pfeiler zur Erinnerung an die Zehnte Römische Legion in der Altstadt von Jerusalem. Niemand weiß genau, wie diese Säule hierherkam und woher sie stammt. Sie ist jedoch ein überzeugender Beweis dafür, daß sich diese Legion einst hier befand.

Die Rolle, die Masada spielte, ist so überwältigend, daß sie uns vergessen läßt, daß die Geschichte des Berges nicht mit diesem Aufstand anfing, sondern viele Jahrhunderte früher, noch vor dokumentiertem Weltgeschehen. Viertausend Jahre v. Chr. lebten schon Menschen in den Höhlen an den südlichen Bergabhängen. Keramikscherben, Matten, Kleider und sogar Pflanzen, die hier entdeckt wurden, zeugen von einer Siedlung aus dem Chalkolithikum (der Kupfersteinzeit). Tonscherben aus der Zeit zwischen dem 10. und 7. Jahrhundert v. Chr. wurden auf dem Gipfelplateau gefunden, doch entdeckte man keinerlei Anzeichen einer ständigen Siedlung. Es hat aber den Anschein, daß vor dreitausend Jahren Menschen an demselben Platz weilten, an dem später die jüdischen Eiferer sterben sollten.

Flavius Josephus behauptet, die Festung sei vom Hohenpriester Jonathan erbaut worden. Es ist nicht ganz klar, wer dieser Jonathan war; einige Gelehrte sind der Meinung, es handle sich um den Bruder Judas Makkabäus, der in der Mitte des zweiten Jahrhunderts v. Chr. lebte, andere glauben, daß es Alexander Jannai gewesen sei,der auch unter dem Namen Jonathan bekannt war, und der im Jahre 103 v. Chr. sowohl König als auch Hoherpriester wurde. Dutzende Münzen aus seiner Regierungszeit fanden sich auf Masada, und darum wird diese Version als glaubhafter angesehen.

14

14. Seit ewigen Zeiten schon durchziehen Kamele die judäische Wüste rings um Masada. Im Bild ein säugendes Kamel.

15. Ein umfassender Blick auf ein Wadi im Westen von Masada. Bei Regen strömt das Wasser ins Wadi und verwandelt es in einen reißenden Strom. Die römische Belagerungsmauer ist deutlich erkennbar.

15

16 *16. Die Bergabhänge sind im Frühling mit zartem Grün bedeckt.*

17 *17–18. Vogelperspektive von Masada, das Riesenunternehmen von Herodes:*

1-3. Nordpalast mit drei Terrassen; 1. Untere Terrasse (Wandmalereien); 2. Mittlere Terrasse (Säulen und Pavillon); 3. Obere Terrasse (Balkon und Wohngemächer); 4. Vorratskammern; 5. Thermen; 6. Wasserpforte; 7. Verwaltungsgebäude; 8. Synagoge; 9. Wohnhaus und byzantinische Baureste (Fundort des Silberschekelschatzes); 10. Byzantinische Kapelle; 11. Westtor; 12. Römische Rampe; 13. Silvas Lager (Lager F); 14. Westpalast von Herodes (mit Thronsaal und Mosaik); 15. Schwimmbecken; 16. Columbarium; 17. Südbastion; 18. Wasserzisterne (unterirdisch); 19. Südliche Wasserpforte; 20. Mikwaot; 21. Zelotenwohnungen; 22. Osttor (oder Schlangenpfadpforte); 23. Teil des Schlangenpfads; 24. Römisches Lager 1 (teilweise rekonstruiert).

Auch der Name "Masada" ist umstritten. In alten Quellen erscheint er nur in griechischer Transliteration und nicht in Hebräisch. Im allgemeinen wird angenommen, daß es sich um eine Umschreibung des hebräischen oder aramäischen Wortes *massad* (Festung) handelt.

Nach dem Tod der Königin Salome Alexandra, der Witwe Alexander Jannais, kämpften ihre beiden Söhne Aristobul und Hyrkan um den Thron und um das Hohepriesteramt. Antipater aus Edom, ein Ratgeber des letzteren, wurde zu einer Schlüsselfigur hinter den Kulissen. Dieser Bürgerkrieg gab Rom (mittels Pompejus) die Möglichkeit, sich einzuschalten. Antipater hatte einen talentierten Sohn, Herodes, der die Situation ausnützte und sich geschickt zu einer Machtposition aufschwang. Um seinen Interessen Vorschub zu leisten, heiratete er Mirjam (Mariamne in griechischer Sprache), eine Prinzessin aus dem Hasmonäergeschlecht und legitimierte dadurch seinen Anspruch auf den Thron in Judäa, welchen er anderenfalls nie hätte geltend machen können, da er Edomiter war. Im Jahre 40 v. Chr. hatte Mattathias Antigonus, einer der Anwärter auf den Thron von Judäa, sich mit Hilfe der Parther zum König ausrufen lassen und er begann sofort, Herodes, dessen Familie und Getreuen in Jerusalem zu belagern. Denen gelang es jedoch, zu fliehen und nach Masada zu ziehen, wo Herodes seine Familie und achthundert Kämpfer unter dem Befehl seines Bruders Joseph zurückließ, während er selbst nach Rom eilte, um mit Hilfe von Mark Anton den Thron zu erlangen. Inzwischen belagerte Antigonus Masada, konnte es jedoch nicht einnehmen. Herodes, der zum König proklamiert wurde, kehrte mit seiner Armee nach Masada zurück.

Nachdem er seine Gegner vernichtet hatte, war Herodes unbestrittener Herrscher im Heiligen Land. Sein Regime war grausam und voller Hofintrigen, die er im allgemeinen löste, indem er die Betroffenen – einschließlich seiner eigenen geliebten Frau und seiner Kinder – hinrichten ließ.

Herodes, der bedeutendste Baumeister, den dieses Land je hatte, baute Masada in den Jahren 37-31 v. Chr. zu einer mächtigen Festung aus. Laut Josephus umgab er die gesamte Felsplattform mit einer Kalksteinmauer, die fünfeinhalb Meter hoch und dreieinhalb Meter breit war und in die 37 Türme, jeder dreiundzwanzig Meter hoch, eingelassnn wurden. Das Felsplateau selbst wurde mit Erde aufgeschüttet und sollte bepflanzt werden, um künftigen Versuchen, die Belagerten auszuhungern, vorzubeugen. Auf dem Bergplateau errichtete er verschiedene Bauten, unter ihnen einen prunkvollen Palast am Nordende. Josephus schreibt über die Beweggründe Herodes:

"Schwerwiegende Gründe bewegten ihn natürlich zu all diesen Vorbereitungen. Man nimmt an, daß Herodes diese Festung als Zufluchtsort für sich selbst plante -- er fürchtete einerseits das jüdische Volk, welches ihn entthronen und die Krone dem Königshaus, das ihm vorangegangen war, zurückverleihen könnte, doch andererseits drohte ihm größere Gefahr von seiten der ägyptischen Königin Kleopatra. Diese machte aus ihrem Herzen keine Mördergrube und wandte sich des öfteren mit der Bitte an Antonius, Herodes zu vernichten und sie selbst auf den Thron von Judäa zu setzen".

Es ist in der Tat wunderlich, daß Antonius, der in Kleopatra verliebt war und ihr keine Bitte abschlug, ihr diesen Wunsch nicht gewährte.

Warum bloß Masada? Herodes dachte sicher an die Belagerung, der sein Bruder Joseph mit nur achthundert Streitern widerstanden hatte, doch Josephus deutet noch einen anderen Grund an. Auf dem Felsplateau von Masada war viel Ackerland, und die Festung konnte, wenn nötig, für ihre eigene Ernährung sorgen. Zur Wasserversorgung ließ Herodes riesige Zisternen mit "Wasserpforten" an der Bergseite in den Fels hauen. Die Topographie von Masada ermöglichte die Wasserstauung in den Wadis und die Errichtung von Aquädukten, die das Wasser in die Zisternen leiteten. Man konnte an all diese Wasserreservoire von oben herankommen, so daß man bei einer Belagerung nicht dem Feind ausgesetzt war.

19

19. Die Treppe, die zur großen Wasserzisterne am Südabhang des Gipfelplateaus führt.

20

20. Das Wassersystem von Herodes funktionierte so gut, daß Masada sich den Luxus eines Schwimmbades erlauben konnte.

21

21. Die Öffnung am oberen Ende der großen Zisterne. Das Regenwasser wurde durch ein Kanalsystem in diese Zisterne geleitet und hier aufgespeichert.

22

22. *Ein Blick auf Masada, der die Stätte in ihrem ganzen Elend zeigt. Der Boden ist felsig und uneben, und der Berg scheint sich unheilverkündend aufzubäumen.*

Hatte Herodes daran geglaubt, daß diese Festung, wie stark und gut ausgerüstet sie auch sei, einem ägyptischen Angriff standhalten könnte, wenn Antonius dem Drängen Kleopatras nachgegeben hätte? Wir müssen uns vor Augen halten, daß der wesentliche Punkt darin besteht, daß die Feste nicht dafür bestimmt war, sondern als ein Fluchtplatz für Herodes und seine Familie gedacht war. Es tritt auch an Hand der Bauten auf Masada ziemlich klar zu Tage, daß Herodes mehr daran interessiert war, seine eigene Haut als sein Land zu retten.

Selbstverständlich war der Hauptgrund für die Wahl dieses besonderen Berges seine strategische Sicherheit. Von Osten ist er nur durch einen fünfeinhalb Kilometer langen Gewaltmarsch auf dem "Schlangenpfad", größtenteils in voller Sicht der Verteidiger und in Schußweite ihrer Wurfgeschosse, zugänglich. Auch von Westen ist der Zugang schwer und gefährlich, und Herodes häufte weitere Schwierigkeiten an, indem er dort starke Festungswerke anbringen ließ. Von Norden und von Süden ist der Berg praktisch unangreifbar.

Herodes selbst sah sich nie genötigt, diesen Zufluchtsort, in dessen Ausbau er so viel investiert hatte, für sich in Anspruch zu nehmen und es gibt keinen direkten Beweis dafür, daß er sich je dort aufgehalten hätte. Scheinbar war nach seinem Tode und bevor die religiösen Eiferer Masada eroberten eine römische Garnison dort stationiert. Es mutet wie eine Ironie des Schicksals an, daß Herodes, der treue Diener Roms, die Festung baute, in der sich der letzte Akt des Dramas des jüdischen Aufstandes gegen das mächtige Römische Reich abspielen sollte. Doch wie die Geschichte Masadas nicht mit dem Römischen Krieg begonnen hatte, sollte sie auch nicht mit ihm enden. Allen Anzeichen nach wurde nach dem Fall der Festung

23

24

im Jahre 73 (oder 74) n. Chr. wieder eine römische Garnison eingesetzt, welche bis zum Jahre 111 dort stationiert blieb. Byzantinische Mönche bewohnten das Bergplateau im 5. und 6. Jahrhundert, nachdem die Bauten von einigen Erdbeben zerstört wurden. Diese Mönche errichteten eine Kirche und schmückten sie mit herrlichen Mosaikbildern. Sie waren die letzten Bewohner Masadas.

Flavius Josephus, der bis zu unserem Jahrhundert die erste und einzige Informationsquelle über Masada war, entstammte einer prominenten Priesterfamilie in Jerusalem. Zu Beginn des großen Aufstands wurde er zum Befehlshaber von Galiläa ernannt und seine Hauptaufgabe bestand darin, dies Gebiet gegen die unvermeidlichen römischen Angriffe zu verteidigen. Im Laufe des Krieges wurde er während sechs Wochen in der Stadt Jotwata (Jotapata) belagert, und nach deren Fall flüchtete er mit vierzig Streitern in eine nahe Höhle. Die Krieger beschlossen, lieber zu sterben, als in Gefangenschaft zu gehen und losten denjenigen aus, der all die anderen töten sollte. Es gelang Josephus, die Verlosung so zu manipulieren, daß ein anderer Krieger und er als die beiden letzten zurückblieben. Er überredete jenen dann, den Plan nicht auszuführen und sich den Römern zu übergeben. Der römische Befehlshaber war Vespasian, Stammvater des kaiserlichen Geschlechtes der Flavier. Allem Anschein nach nahm er sich Josephus an, der im Haus der Flavier sein Schützling wurde und sich sogar selbst den Namen Flavius zulegte. Zu diesem Zeitpunkt seines Lebens schrieb er seine beiden großen Werke, den "Jüdischen Krieg" und "Altertümer". Obgleich Josephus wegen seiner Fahnenflucht scharf angegriffen wurde, steht es außer Zweifel, daß seine Bücher die wichtigsten Quellen alter jüdischer Geschichte, und insbesondere seiner eigenen schicksalsschweren Zeit, sind.

25

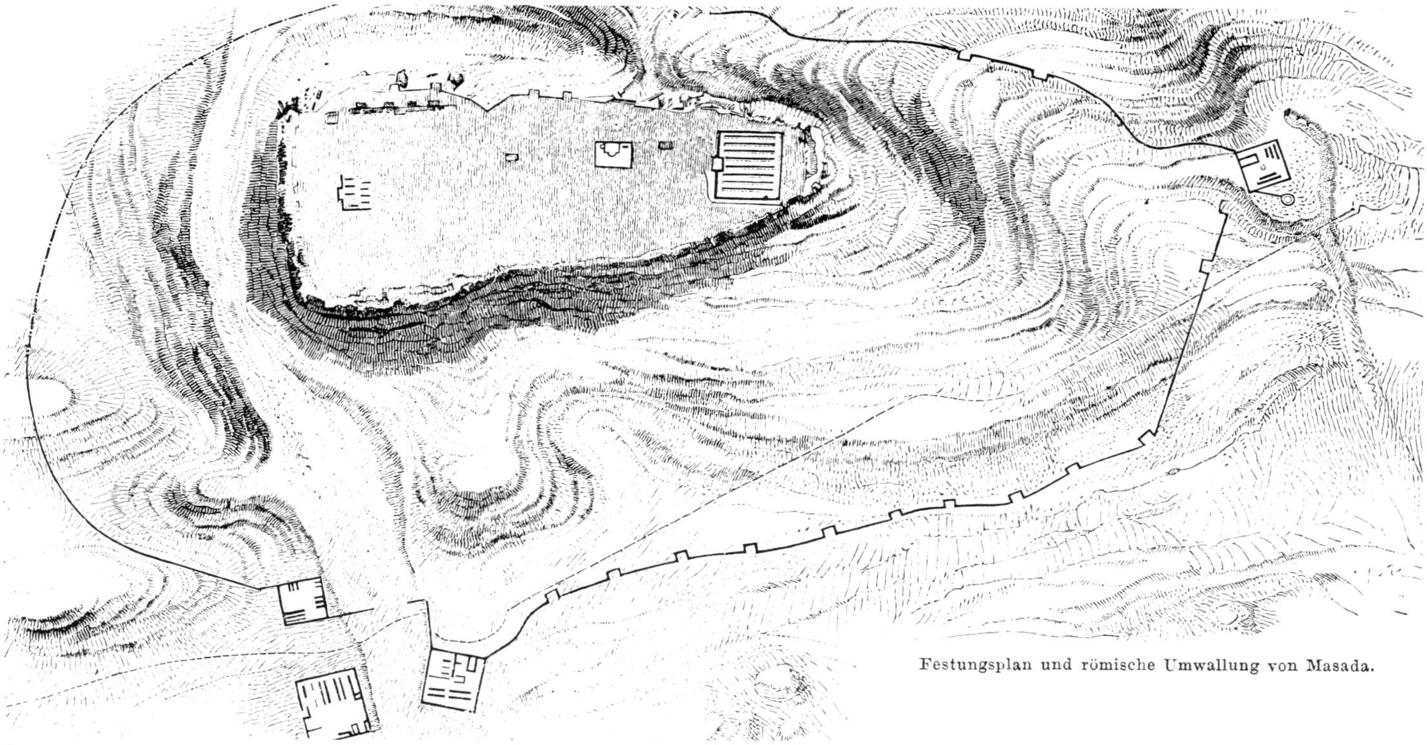

Festungsplan und römische Umwallung von Masada.

26

Im Jahre 1838 wurde Masada von Edward Robinson, einem amerikanischen Orientalisten, wiederentdeckt. Der erste moderne Reisende, der Masada bestieg, war der amerikanische Missionar S. W. Wolcott. Im Jahre 1858 besuchte der französische Archäologe Caignar de Saulcy die Stätte und veröffentlichte die erste Karte des Felsplateaus. Allem Anschein nach beauftragte er seine Beduinenführer, die Überreste der byzantinischen Kirche auszugraben und bei dieser Gelegenheit nahm er einige Teile des Mosaikbodens als Andenken mit sich. Diese fanden nachher ihren Weg in den Louvre. Moderne Archäologen geben de Saulcy die Schuld an der Zerstörung dieses herrlichen Mosaiks.

Im Jahre 1867 bestieg Sir Charles Warren, ein britischer Offizier und Archäologe, der an der Spitze des offiziellen Forschungsprojektes von Westpalästina stand, den Berg. Zusammen mit Claude Condor, einem anderen Offizier, entdeckte er Teile des tatsächlichen "Schlangenpfades", von welchem er eine ziemlich genaue Karte zeichnete. Zu Beginn des 20. Jahrhunderts wurden weitere Forschungsarbeiten auf dieser Stätte geleistet und man konzentrierte sich auch auf die römischen Lager zu Füßen des Berges. Selbstverständlich bekamen die Forschungsarbeiten nach der Proklamation des Staates Israel einen großen Auftrieb. Der gewundene "Schlangenpfad" wurde von S. Guttman genau verfolgt und Asarja Alon leitete eine gewissenhafte Untersuchung des herodianischen Wassersystems. In den Jahren 1955 und 1956 erfolgten ausgedehnte Grabungen, und 1963 wurden diese von Jigael Jadin, einem vormaligen Generalstabskommandanten der israelischen Verteidigungsarmee und Professor für Archäologie an der Hebräischen Universität, geleitet. Diese Arbeiten dauerten elf Monate, erstreckten sich über zwei Saisons und gipfelten in der Restauration von Masada.

23/24. Höhlen am Berggipfel. Viele wurden zu Wohnzwecken benutzt; auch die byzantinischen Mönche, welche die letzten Bewohner von Masada waren, lebten in ihnen.
25. Eine Seite aus einem Manuskript des Buches "Altertümer" von Josephus aus dem 15. Jahrhundert. Josephus ist die einzige Informationsquelle für das Geschehen auf Masada, und alle Entdekkungen, die bei den modernen archäologischen Ausgrabungen gemacht wurden, bestätigen seine Beschreibungen.
26. Unter den Illustrationen zu dem Buch "Jerusalem und Das Heilige Land" von Dr. Nepomuk J. Sepp (1873) findet sich auch eine Karte von Masada. Diese ist im allgemeinen erstaunlich genau, wenngleich mangelhaft in einigen Details.

DIE MAUER

Noch bevor Flavius Silva die Wadis im Westen auffüllen ließ, um die Erdrampe zu errichten, konnte man an Masada nur auf einem der beiden Wege – von Westen oder von Osten – herankommen. Der Weg von Westen war leichter, und Herodes ließ deshalb massive Verstärkungen an einer Stelle nahe dem Berggipfel anbringen; zwei Kolumbariumtürme beherrschten die ganze Gegend.

Da die Römer ihren riesigen Erdwall im Westen errichteten, ist der Zugang von dieser Seite heute nicht mehr erkenntlich – außer einem kleinen Teil, der von der Kuppe des Erdwalls zum Felsplateau führt. Der Wall selbst ist an und für sich sehr eindrucksvoll und illustriert die römische Kriegs-

27

27. Die Erdrampe, die von Silva errichtet wurde, füllte das Wadi vollständig auf und auch der ursprüngliche Zugangsweg von Westen wurde mit Erde bedeckt. Dies Bild gibt einen guten Eindruck vom Kraftaufwand, der nötig war, um diesen mächtigen Erdwall zu errichten.

28

28. Besucher von Masada am Weg neben dem Erdwall. Abgesehen von der Drahtseilbahn im Osten ist dies der bequemste Zugang zur Stätte.

technik aufs vortrefflichste. Eine militärische Operation dieser Art konnte der komplizierten logistischen Probleme wegen, die damit verbunden waren, nur von einer großen Armee ausgeführt werden.

Früher wurde Masada größtenteils von der Westseite bestiegen. Man erklomm den Erdwall und kletterte nachher auf einem primitiven Pfad bis zum Gipfel weiter. Auch die byzantinischen Mönche benutzten diesen Weg, und dies wird durch den steinernen Torweg, den sie oben errichteten, offenbar. Der bekannte Naturforscher Henry Baker Tristam bestieg Masada in den Jahren 1864 und 1871. Er behauptete, daß man die Probleme des Aufstiegs von der Westseite stark übertrieben hätte. Seiner Meinung nach könne selbst eine "englische Lady" diese Klettertour ohne Umstände bewältigen.

Der Zugang von Osten war ungewöhnlich kompliziert und daher war es unnötig, ihn am Gipfelplateau noch zu verstärken. Dieser Weg ist der berühmte "Schlangenpfad", der seinen Namen daher hat, weil er sich am Bergabhang heraufschlängelt und im Verlauf von fünfeinhalb Kilometern vierhundert Meter ansteigt. Josephus beschreibt ihn folgendermaßen: "*. . . Den ersten nennt man den Schlangenpfad, weil er eng ist und sich ständig windet. Bei den Biegungen um die Felsklippen bricht er ab und führt oft auf einen tieferen Punkt zurück, dann, nachdem er sich ausrichtet, gelingt es ihm, etwas voranzukommen. Auf ihm zu gehen, ist wie auf einem gespannten Seil zu balancieren. Abgleiten bedeutet Tod, denn an jeder Seite gähnt ein Abgrund, so schreckenserregend, daß der Kühnste davor zittert*".

(Entweder bestieg Josephus nicht selbst diesen Schlangenpfad und schrieb diese Zeilen auf Grund von Beschreibungen anderer, oder er war kein guter Bergsteiger; der Aufstieg ist wirklich nicht leicht, aber er ist keinesfalls so schreckhaft, wie er ihn darstellt.)

30

29

29. Der östliche Teil von Masada.
30. Die Abbildung des Schlangenpfades in "Jerusalem und Das Heilige Land" von Dr. Nepomuk J. Sepp (1873). Das Bild ist falsch, da die "Stufen" des Nordpalastes nicht links, sondern rechts vom Weg sind.
31. Ein Teil des Schlangenpfades, von der Drahtseilbahn gesehen.

31

32

32. Der Anfang des Schlangenpfades.

Im Laufe der Jahrhunderte wurde der Pfad an einigen Stellen von Erde überdeckt und verlor sich; heute ist er jedoch gänzlich restauriert und jeder energische Wanderer kann ihn besteigen. Vor der Wiederherstellung von Masada war dies faktisch der einzige Zugang zur Stätte. Zu diesen Zeiten war das Erklimmen des Schlangenpfades ein sehr beliebtes Projekt verschiedener Jugendgruppen, beim letzten Teil des Aufstiegs wurde man angeseilt. Nach der Restauration wurde ein Drahtseilbahn installiert, um auch weniger Waghalsigen den Aufstieg zu ermöglichen, doch wurde viel darüber diskutiert. Einige waren auf Grund des Naturschutzgesetzes prinzipiell dagegen; andere meinten, die Drahtseilbahn mache es den Menschen zu leicht, und man sollte an Masada erst nach großem physischen Kraftaufwand herankommen, um die richtige Atmosphäre zu wahren.

33

33. Ein Wagen der Drahtseilbahn, aufgenommen von einem anderen. Das römische Lager kann man neben den parkenden Autos und den Verwaltungsgebäuden erkennen.

Das Gipfelplateau ist von einer Mauer umgeben und an der Stelle, an der der Schlangenpfad endet, befindet sich die sogenannte "Schlangenpfadpforte". Dies bezeugt, daß es zu alten Zeiten ein allgemein benützter Weg war.

Die Mauer ist eine Art von schutzsicherer Kasemattenfestung und besteht aus zwei übereinanderliegenden Mauern, die in einzelne Räumlichkeiten abgeteilt sind. Es ist, als ob ein langes, schmales Bauwerk das gesamte Felsplateau umgebe. Der Bau hatte verschiedene Funktionen, er diente der Verteidigung, Unterkunft und war als Lagerraum gedacht. Die Mauer war ungefähr 1400 Meter lang und 4 Meter breit und umgab den Großteil des Felsens. Außer den Zimmern oder Mauerzellen enthielt sie an die dreißig Türme (nach Josephus waren es siebenunddreißig). Der Historiker gibt an, die Mauer sei sechs Meter und die Türme fünfundzwanzig Meter hoch gewesen. Dies klingt etwas übertrieben, doch da im Laufe der Zeit Erdbeben den Einsturz der gesamten Mauer verursachten, die an keiner Stelle in ihrer ursprünglichen Höhe bestehen blieb, kann dies nicht nachgeprüft werden. Josephus gibt auch an, es sei eine Kalksteinmauer gewesen. Tatsächlich besteht sie aus Steinen, die auf den Felsengipfel oder auf die oberen Abhänge gebracht wurden. Am Nordende der Felsenebene, unter den Lagerräumen, ist ein riesiger Steinbruch, von dem man wahrscheinlich die Steine nahm. Die Mauer war jedoch mit Putz überzogen, was ihr vielleicht das Aussehen einer Kalksteinmauer gab.

34

35

34. Die Schlangenpfadpforte.
35. Eine Zelotenbehausung in der Kasemattenmauer in der Nähe der Schlangenpfadpforte.

36

36. Gesamtansicht der Kasemattenmauer auf der Westseite der Gipfelebene.

Die Ausgrabungen zeitigten mehr als hundert Mauerräume verschiedener Größe. Diese dienten den Zeloten und sollten ihren Familien durch zusätzliche Zwischenabteilungen ein minimales Maß privaten Lebens ermöglichen. Es fanden sich auch Teile von Haushaltsinventar, insbesondere Kochöfen. Der Boden in diesen Räumen war der nackte, rauhe Fels des Plateaus und es hat nicht den Anschein, daß man versucht hätte, ihn zu nivellieren. Der Lebensraum, den die Mauer gewährte, war für die 960 Menschen, die auf Masada lebten, ungenügend. Daher wurden hie und da kleine Räume angebaut. Diese Häuser waren ziemlich primitiv konstruiert und aus viel kleineren Steinen als die früheren Bauten zusammengesetzt. Die Zeloten hatten weder die Möglichkeit noch das Bedürfnis nach Komfort und ästhetischer Befriedigung wie der königliche Erbauer dieser Festung.

37

37. Das Wohnviertel in der Mauer war mit allen Bequemlichkeiten, die für ein "normales" Leben wichtig waren — wie zum Beispiel diesem Backofen — ausgestattet.

38

38. Behausungen in der Südostmauer. Im allgemeinen kann man die Teile, die von den Zeloten angebaut wurden, daran erkennen, daß sie aus kleineren Steinen als die originale Mauer bestehen.

Für die Archäologen waren die Räumlichkeiten in der Kasemattenmauer eine wahre Fundgrube. In ihnen fand man Geräte, die die Eiferer täglich benutzten. Diese Gegenstände sind unschätzbare Informationsquellen über das Leben zu dieser Zeit und an diesem Ort. Dank des trockenen Klimas in dieser Wüstengegend waren die meisten Funde, wenngleich auch zerbrochen, gut erhalten geblieben, und auf den Töpfen war sogar noch der Ruß der Kochöfen erkennbar. Professor Jadin beschreibt diese Entdeckungen:

“. . . Wir hatten das Gefühl, daß die Stätte eben jetzt erst verlassen wurde, es haftete ihr eine häusliche Atmosphäre an . . .”

Außer Haushaltsgegenständen entdeckte man auch eine Reihe kosmetischer Artikel, Knöpfe, Schlüssel, Gürtelschnallen und Ringe. In der Tat — alle

39

39. Verschiedene kosmetische Artikel wurden in den Räumen der Kasemattenmauer entdeckt. Die Zeloten lebten eine geraume Zeit lang auf Masada und führten ein normales Leben, welches auch “Schönheitspflege” für die Frauen miteinschloß.

40

40. Haushaltsartikel von ausgezeichneter Qualität, die auf Masada gefunden wurden, zeugen von hohem handwerklichen Niveau zu dieser Zeit. Die Archäologen entdeckten eine beträchtliche Anzahl dieser Objekte.

Gegenstände, die das tägliche Leben erleichtern. Die meisten Geräte waren aus Ton, doch einige waren aus Bronze oder Stein. Auch Kleider entdeckte man. Dies sind die frühesten Kleiderfunde aus der römischen Periode und sie sind bemerkenswert – in angenehm abgestimmten Farbtönen und von außergewöhnlicher Webequalität.

Die Gruppe der Eiferer auf dem Berg bestand nicht nur aus Kämpfern, sondern auch aus Frauen und Kindern, und sie lebten dort eine beträchtliche Zeit lang. Währenddessen hat sich sicher eine bestimmte Form sozialen Zusammenlebens herauskristallisiert und das Familienleben mit all seinen Alltäglichkeiten mußte aufrechterhalten bleiben. Die Frauen kochten, wuschen Wäsche und schminkten sich; die Kinder spielten, zankten sich und bekamen sicherlich auch Unterricht. Beweise für diese weltlichen Tätigkeiten fanden sich hauptsächlich in den Räumlichkeiten des Kasemattenbunkers.

41. Dieser Blick durch einen Mauerspalt zeigt das herrliche Panorama des Toten Meeres mit den in Nebel gehüllten Bergen von Moab im Hintergrund.

41

42

42. *Einige Geräte, die in der Bäckerei im westlichen Teil der Kasemattenmauer gefunden wurden.*

Man fand auf Masada mehr als 700 Ostraka (beschriftete Tonscherben). Diese wurden wie gewöhnliches Briefpapier verwendet, da Papyrus zu teuer war. Einige Scherben sind mit Namen beschriftet — meist in Hebräisch — auf anderen sind verschiedene Ziffern zu erkennen, vielleicht waren diese eine Art von Zuweisungskuponen. Die Schrift war durchweg von Fachleuten eingeritzt worden. Auf einem Teil eines Weinkrugs war zu lesen: "Für Herodes, König von Judäa". Der Wein kam aus Italien und dies deutet an, daß der König seiner Festung zuweilen einen Besuch abstattete.

In diesen Mauerkammern fanden sich auch Beweise für die Vorbereitungen zur Verteidigung des Berges von Seiten der Zeloten. Riesige Steine, jeder an die fünfzig Kilogramm schwer, lagen in einigen Räumen am Boden. Diese wurden wahrscheinlich auf dem Dach bereitgehalten, um von dort auf die Angreifer herabgewälzt zu werden, es kam jedoch nicht dazu, da die Römer ihren Angriff von Westen her führten. Als die Mauer einstürzte fielen die Steine in die Kammern.

43

43. *Diese Steine lagen in der Kammer der Kasemattenmauer, in der die Schriftrollen gefunden wurden. Sie fielen wahrscheinlich vom Dach in den Raum, als die Mauer einstürzte.*

Auf Masada kamen wichtige Ausgrabungsfunde zu Tage, doch die nennenswertesten unter diesen sind die Rollenfragmente. Im Laufe der Jahrhunderte kristallisierte sich die Bibel in hebräischer Sprache zu einem festen, unabänderlichen Text heraus, und es ist der Traum jedes Bibelforschers, alte Rollen zu entdecken, die diesen Text verifizieren.

In einem Raum in der Westmauer wurden Teile des Psalterbuches entdeckt. Die Rollen waren so gut erhalten geblieben, daß die Archäologen keinerlei Schwierigkeiten hatten, sie sofort zu identifizieren. Nachdem diese Rollen chemisch behandelt und auf infrarotem Film fotografiert wurden, was den Text lesbar machte, stellte sich heraus, daß es sich um die Kapitel 81-85 handle. Am gleichen Ort fanden die Forscher auch einen Schatz von Silbermünzen, die mit "1. Jahr", "2. Jahr", "3. Jahr", "4. Jahr" und "5. Jahr" bezeichnet waren. Die Zahlen zeigen das Jahr (des Aufstands gegen Rom) an, in dem die Münze geprägt wurde, und dies deutet darauf hin, daß die Schriftrollen aus keiner späteren Zeit stammen als aus dem 5. Jahr, d.h. 70 n. Chr. Der Text der gefundenen Fragmente und die Einteilung in Kapitel stimmt im großen und ganzen mit der gebäuchlichen jüdischen Version überein. Dies trifft übrigens auf alle Bibelrollen, die gefunden wurden, zu.

44. Eine Schriftrolle, die auf Masada gefunden wurde. Diese Rollen trugen viel zum Verständnis dieser turbulenten historischen Epoche bei.

45. Überreste bei Qumran am Toten Meer nördlich von Masada. Der Fund einer Rolle vom Toten Meer auf Masada läßt vermuten, daß Mitglieder der Qumran-Sekte am großen Jüdischen Aufstand teilnahmen.

44

45

Außer den Bibeltexten fanden sich in einigen Räumen auch Teile anderer Bücher. Der bedeutendste Fund war das Buch "Jesus Sirach", welches in einer Kammer nahe der Schlangenpfadpforte entdeckt wurde. "Jesus Sirach" gehört zu den Apokryphen und wurde nicht in den Kanon der Bibel aufgenommen. Das Buch wurde ungefähr im 2. Jahrhundert v. Chr. geschrieben und war zu seiner Zeit sehr populär. Der hebräische Originaltext ging jedoch im Mittelalter verloren, und das Werk wurde hauptsächlich in seiner griechischen Version bekannt. Im Jahre 1896 entdeckte Solomon Schechter Teile einer hebräischen Version von Jesus Sirach in der Genisa von Kairo. (Die Genisa war eine Dachstube in einer alten Synagoge von Kairo, in welcher ungebrauchte und beschädigte Heilige Schriften aufbewahrt wurden. Tausende von Manuskripten wurden dort entdeckt und bis zum heutigen Tag sind Gelehrte damit beschäftigt, diese zu sichten). Im Verlauf der Jahre wurden auch Gefechte zwischen den Anhängern dieser oder jener Meinung ausgefochten, welches der originale hebräische Urtext sei. Das Fragment, das sich auf Masada fand und die Kapitel 39 bis 44 enthält, spielte eine Entscheidende Rolle in dieser Streitfrage.

Ein anderer literarisch hochinteressanter Fund ist eine Schriftrolle, die mit einer Rolle vom Toten Meer identisch ist. Letztere wurde von Schreibern einer jüdischen Sekte aufgezeichnet, die in Qumran, nahe am Toten Meer, lebte. Es war eine asketische Gruppe, die sich abgesondert hatte und die religiösen Gesetzesvorschriften in Jerusalem nicht akzeptierte. Sowohl Josephus als auch andere identifizierten diese Sekte mit den Essenern; andere Gelehrte sind der Meinung, daß diese die religiösen Eiferer gewesen seien. Das Auffinden einer ihrer Schriftrollen auf Masada wirft interessante Fragen auf. Eine neuere historische Auffassung stützt sich auf diesen Fund. Denn wenn die Menschen, die in Qumran lebten, Essener waren,

46. Die Höhlen bei Qumran, in denen die Schriftrollen von einem arabischen Hirten entdeckt wurden. Der Fund dieser Rollen war eine Sensation und warf neues Licht auf die geistigen und sozialen Lebensbedingungen, in denen sich auch das frühe Christentum entwickelte.

46

was soll eine Schriftrolle dieser Sekte in einer Festung, in der sich orthodoxe Juden befinden? Professor Jadin glaubt, daß sich in Qumran tatsächlich Essener befanden, doch ist er der Meinung, daß diese, obwohl sie sich von den religiösen Führern distanzierten, dennoch jüdische Patrioten waren und am Aufstand gegen Rom teilnahmen. Wenn er recht hat, umfaßte der Widerstand auf Masada alle Teile und Sekten des Judentums.

An der Stätte – insbesondere in den Mauerkammern – fanden sich Silber- und Kupfermünzen. In einigen Fällen wurden diese auf dem Boden verstreut herumliegend aufgefunden, als ob deren Besitzer gewußt hätten, daß sie diese nicht mehr brauchen würden.

Wenn man die Kasemattenmauer von der Schlangenpfadpforte nach Süden weiterverfolgt, gelangt man an die Südpforte. Diese befindet sich nahe am südlichsten Punkt der Mauer und führte zu einer riesigen Zisterne, die am Bergabhang angelegt war. Vom Felsplateau kann man diese durch eine lange Treppe erreichen. Scheinbar wurde diese Zisterne mit Überflutungs- und Regenwasser gespeist. In der Nähe der Zisterne finden sich einige Höhlen, und es mag sein, daß diese ein Teil des Wassersystems waren. In einer Höhle machten die Archäologen jedoch eine dramatische Entdeckung: sie fanden dort die Skelette von fünfundzwanzig Menschen.

47

47. Diese Treppe, die aus dem rohen Gestein herausgemeißelt wurde, führt zur riesigen Wasserzisterne auf der Südseite der Gipfelebene. Die Bewohner stiegen in diese Zisterne herab, um Wasser heraufzuholen.

48

48. *Das Innere der großen Zisterne im Süden. Man kann ihre Ausdehnung erfassen, wenn man sie proportional mit dem Mann vergleicht, der auf den Stufen sitzt. Die Zisterne war aus dem Felsen herausgemeißelt und die Wände waren verputzt, um das Absickern des Wassers in den porösen Stein zu verhindern. Die ganze Anlage muß ein beachtliches Bauprojekt gewesen sein.*

Der Bericht von Josephus über den Massenselbstmord vor dem Fall Masadas warf ein schwerwiegendes Problem auf, über das sich die Archäologen den Kopf zerbrachen: Wo sind die Leichen der 960 Verteidiger? Es ist nicht anzunehmen, daß diese auf der Felsenebene gelassen wurden. Was geschah mit ihnen? Eine pathologische Untersuchung der Knochen, die in der Höhle unter der Südpforte gefunden wurden, zeigt, daß einige von ihnen Männer (bis zu 70 Jahren), andere Frauen (bis 22) und Kinder (unter 12) waren. Es ist unwahrscheinlich, daß es sich um die Überreste römischer Soldaten handelt und eine genaue Untersuchung der Schädelknochen zeigt dieselben charakteristischen Merkmale, die bei den Überresten in den Bar Kochba-Höhlen gefunden wurden — und jene waren zweiffellos Juden. Die Höhle kann auch selbstverständlich eine Grabstätte für die Verteidiger, die im Laufe der Belagerung starben, gewesen sein, doch die Knochen lagen ungeordnet herum und es hat nicht den Anschein, daß sie beerdigt waren. Eine andere Möglichkeit ist, daß dies die Körperreste waren, die die Römer fanden, als sie Masada einnahmen und daß sie diese dann in die Höhle warfen.

49

49. Ein verputzter Wasserkanal in der Nähe der Schlangenpfadpforte. Diese Methode wurde angewandt, um Regenwasser, das vom Berg herabrann, aufzufangen und in die Speicherzisternen zu leiten.

Durch zwei von den vier Toren, die in die Rundmauer eingelassen waren — die Schlangenpfadpforte und das Westtor — konnte man in die Feste herein- und von ihr herausgelangen. Die beiden anderen waren Öffnungen für Wasserträger. Wie schon erwähnt, war die Wasserversorgung eines der Hauptprobleme von Masada und Herodes'Techniker gaben sich große Mühe, ein Wassersystem zu installieren, das Masada nicht nur mit Trinkwasser, sondern auch mit luxuriösen Badehäusern und Schwimmbädern versah. An den nordwestlichen Bergabhängen, genau unter dem Gipfelplateau, wurden auf Befehl Herodes zwölf riesige Zisternen aus dem Felsen gehauen und mit Kalk verputzt, um zu verhindern, daß das Wasser durch den porösen Stein sickere. Aquädukte leiteten das Wasser von den Dämmen, in denen das Regen- und Überflutungswasser gestaut wurde, in diese Zisternen. Leider wurden die Aquädukte bei der Errichtung der großen Erdrampe zerstört. Josephus beschreibt das Wassersystem folgendermaßen:

50

50. Das äußerste Nordende des Westteils von Masada. An diesem Platz ließ Herodes zwölf riesige Speicherzisternen in den Fels hauen und das Überflutungswasser wurde durch ein kompliziertes System von Kanälen und Staudämmen in diese geleitet. Bedauerlicherweise wurde diese Anlage größtenteils zerstört.

"An jeder Stelle, wo Menschen lebten, am Plateau, rings um den Palast oder vor der Mauer, ließ er [Herodes] *große Wasserbehälter aus dem Felsen hauen, um für Vorrat in einem Maße zu sorgen, wie wenn Quellwasser zur Verfügung stände".*

Die zwölf Zisternen im Norden allein haben eine Aufnahmekapazität von vierzigtausend Kubikmetern, was eine beträchtliche Wassermenge bedeutet. Daru kommen andere Zisternen auf dem Felsplateau und an den Südabhängen des Berges.

Der römische Kommandant Flavius Silva stand vor ernsten Problemen, als er an Masada heranzog. Er hatte logistische Schwierigkeiten, mitten in der Wüste und weit entfernt von Nahrungs- und Wasserversorgung, und er mußte seine Armee ernähren. Er löste das Problem dadurch, daß er Tausende von jüdischen Gefangenen einsetzte, die er — gemäß Josephus — mit sich führte. Es war ihm klar, daß er die Verteidiger nicht aushungern konnte.

51

51. Ein anderes Speicherbecken. Das Dach ist zwar eingestürzt, doch sind noch einige Überreste der verputzten Mauer erkenntlich. Auf Masada fanden sich einige Speicherbecken dieser Art. Die Bewohner dieser Stätte brauchten keinen Durst zu leiden.

52

52. Diese Ecke der großen Zisterne am Südende des Berggipfels läßt die Reichweite der Arbeit erkennen, die auf den Verputz der Wasserspeicherreservoire aufgewandt wurde. Jeder Wassertropfen war kostbar und keine Mühe wurde gescheut, um das Absickern des Wassers zu verhüten.

Es gab keine andere Möglichkeit, als die Festung zu stürmen. Dies war der letzte Halt der jüdischen Widerstandsbewegung gegen Rom und sie wurde von Fanatikern, die zu jeder Verzweiflungstat entschlossen waren, verteidigt. Gleichermaßen schien es von großer Wichtigkeit, jede Fluchtmöglichkeit der Zeloten zu vereiteln, um zu verhindern, daß diese in anderen Teilen des Landes neue Wellen eines Aufstandes entzündeten. Silva errichtete deshalb eine Belagerungsmauer rings um den ganzen Berg, eine Art von Umwallung,

53

53. Das römische Lager südöstlich von Masada, nahe bei der Haltestelle der Drahtseilbahn. Dieses Lager wurde teilweise rekonstruiert.

54

54. Auch dieses Lager liegt auf der Ostseite des Berges in der Nähe der Belagerungsmauer.

die fast vier Kilometer lang war und Wachttürme hatte. Die Truppen wurden in acht Lagern, die um Masada herum errichtet wurden, untergebracht. Einige von diesen lagen außerhalb der Belagerungsmauern, andere waren ein integraler Teil der Umwallung. Die Lager, von denen zwei sehr ausgedehnt waren, wurden nach römischem Muster symmetrisch angelegt und Spuren von ihnen und von der Belagerungsmauer sind vom Gipfelplateau deutlich erkennbar.

55

55. Dieses römische Lager war an die Belagerungsmauer angebaut. Der Steinschutt stammt von den Mauern, die im Laufe der Jahrhunderte einfielen.

56

56. Das Lager von Flavius Silva lag gegenüber dem Erdwall. Von diesem Punkt konnten die Stabsoffiziere den Belagerungszustand überwachen.

57. *Blick von der Spitze der römischen Lager und der Umwallung. Dies ist eine gute Illustration des beschwerlichen Geländes.*

Silva schlug sein Hauptquartier in einem Lager im Nordwesten des Berges auf. Josephus erläutert die Wahl dieses Platzes:
"*Er* [Flavius Silva] *schlug sein Hauptquartier an einem Platz auf, der ihm für die Belagerung am geeignetsten schien, an dem die Felsen, auf denen die Festung stand, mit den nahen Bergen verbunden waren, obgleich es eine ungünstige Position war, um die nötigen Kriegsvorräte heranzuschaffen. Denn nicht nur Essen mußte von weither gebracht werden, und das war eine schwierige Arbeit. Auch Trinkwasser mußte ins Lager geschafft werden, da keine Quelle in der Nähe war. Als die Vorbereitungen vollendet waren, begann Silva mit der Belagerung, die große Geschicklichkeit und Anstrengung forderte, da die Festung sehr stark war . . .*"

57

Im Westen von Masada erhebt sich ein Vorgebirge, welches von Josephus "Der Weiße Felsen" genannt wird, und von diesem Punkt aus begann Flavius Silva seinen Angriff. Zuerst mußte das Wadi aufgefüllt werden, und auch diese Arbeit wurde zweiffellos von den gefangenen Juden ausgeführt. Eine riesige Erdrampe wurde über dem Wadi errichtet, die an einer Stelle des Berges bis fünfzig Meter unter dem Gipfelplateau anstieg. Auf dieser baute man nun einen großen Steindamm in der Höhe von ungefähr fünfundzwanzig Metern. Die Erdrampe besteht auch heute noch und fungiert als Zugang zum Gipfel von der Westseite, doch die großen Steine des Dammes sind längst verschwunden. Nachher wurden Belagerungsvorrichtungen auf die Ebene gebracht, in der Art, wie sie von Vespasian erfunden und von seinem Sohn Titus bei der Belagerung von Jerusalem verwendet wurden. Ein dreißig Meter hoher befestigter Turm wurde zum Schutz der Arbeitsmannschaft errichtet und von diesem schossen die Römer mit Pfeilen und mit Steinen in Größe von Tennisbällen, die von Katapulten, welche man rasch nachladen konnte, geschleudert wurden, auf die Verteidiger. Das konnte ihnen bei ihren Vorbereitungen zum Angriff die Zeloten vom Leib halten, und in der Tat wurden Hunderte von solchen Steingeschossen bei den Ausgrabungsarbeiten an dieser Stätte gefunden. Josephus fährt fort: *"Silva errichtete einen großen Rammpfahl. Dieser wurde nun auf seinen Befehl fortwährend gegen die Mauer gestoßen, bis schließlich eine Bresche in sie geschlagen werden konnte und ein kleiner Mauerteil einfiel"*.

Dies war der Anfang vom Ende. Doch die Verteidiger gaben nicht auf. Sie errichteten einen Erdwall, den sie mit einer Holzeinrahmung verstärkten. Der Rammpfahl, der nun gegen diese Konstruktion gestoßen wurde, pferchte die Erde nur fester zusammen, da die Holzplanken, die sie zusammenhielten, geschmeidig waren.

58/59. Römisches Rüstzeug für eine Belagerung, welches für einen Film über Masada hergestellt wurde. Historiker und Archäologen wurden bei der Regie des Filmes zur Beratung herangezogen.

58

59

"Der Feind sah in diesem Wall nichts Außergewöhnliches, doch die Stöße des Rammpfahls wurden von der Erdmasse absorbiert. Die Stöße preßten die Erde zusammen und machten sie fester. Als Silva dies sah, beschloß er, diesen Wall mit Feuer zu bekämpfen und er gab Anweisungen, eine große Anzahl brennender Fackeln auf ihn zu schleudern. Das Holz fing sofort Feuer und da der ganze Wall ziemlich locker konstruiert war, stand er bald lichterloh in Flammen".

Jedem rational denkenden Menschen mußte es vollkommen klar sein, daß Masada verloren war. Es konnte vielleicht noch etwas dauern, doch die 960 Verteidiger – und unter diesen waren Frauen und Kinder – konnten dem mächtigen römischen Angriff nicht unbegrenzt standhalten. Die Handlungsweise der Verteidiger wurde jedoch nicht von rationalem Denken geleitet. Sie hofften auf ein Wunder, und plötzlich, nachdem der Erdwall in Flammen stand, sah es aus, als ob dies Wunder tatsächlich geschehen sollte.

"Gerade als das Feuer zu lodern begann, brach zum Schrecken der Römer ein Nordwind aus. Er blies die Flammen von oben zurück und diese zischten ihnen ins Gesicht, und als es schon fast den Anschein hatte, daß ihre eigenen Kriegsmaschinen nun den Flammen zum Opfer fallen würden, waren sie der Verzweiflung nahe".

Doch das Glücksrad sollte sich wenden.

"Dann plötzlich, als ob eine Gotteshand das Geschehen leite, drehte sich der Wind nach Süden und blies stark in die umgekehrte Richtung. Die Flammen schlugen in den Erdwall und setzten ihn in Feuer. Gott war in der Tat auf Seiten der Römer, und diese kehrten triumphierend in ihr Lager zurück und beschlossen, die Festung am nächsten Morgen zu stürmen . . ."

60. Die Römer erstürmten Masada mit Hilfe des Erdwalls, den sie errichteten. Doch sie fanden dort nur Öde und Tod vor.

60

Herodes hatte Masada zu einer königlichen Festung bestimmt. Es hat den Anschein, daß er Angst hatte, keine Nachkommen zu hinterlassen, die seinen Namen hochhalten würden, und deshalb "sah er sich gezwungen", Bauwerke in großem Stil zu errichten. Seine bedeutendste Leistung war der Wiederaufbau des Tempels in Jerusalem. Die Weisen zur Zeit des Talmuds sagten: "Wer den Tempel nicht gesehen hat, weiß nicht, was Pracht bedeutet" und der römische Historiker Dio Cassio beschreibt den Tempel und den Baukomplex um ihn herum als eines der Weltwunder. Herodes baute auch einige Städte – die bekannteste unter ihnen ist wohl Caesarea – und Festungen, insbesondere das Herodion in der judäischen Wüste, nicht weit entfernt von Bethlehem. Seine Bauwerke waren prunkvoll und großzügig angelegt – und Masada war kein Ausnahmefall.

61. Der Tempel, den Herodes in Jerusalem erneuerte und erweiterte. Dies ist ein Teil eines Modells der Heiligen Stadt zur Zeit des Zweiten Tempels beim Holy Land-Hotel im modernen Jerusalem.

61

Auf der Westseite des Gipfelplateaus, südlich von der Stelle, an der die Römer eine Bresche in die Mauer schlugen, steht der sogenannte Westpalast. Dieser war die offizielle königliche Residenz mit einem Thronsaal und Verwaltungsräumen. Es war das größte Bauwerk auf dem Gipfelplateau — Dutzende Räume waren auf einer Grundfläche von rund viertausend Quadratmetern angelegt — und es war für formelle Zwecke wie königliche Empfänge und als Wirtschaftstrakt des "Königtums von Masada" bestimmt. Der Palast hatte vier Flügel. Der erste enthielt die königlichen Gemächer, eine große Empfangshalle und den Thronsaal. In der Empfangshalle war ein prachtvolles Fußbodenmosaik, von dem noch einige Teile bestehen; im Thronsaal waren vier Aushöhlungen in den Boden eingelassen, in welche die Beine des Throns paßten. Der königliche Flügel enthielt auch Baderäume und ein Kaltwasserschwimmbad.

62

62. Ein Empfangsraum im großen Westpalast. Von hier gelangt man in ein Zimmer, das wahrscheinlich als Thronraum fungierte.

63

63. Der Mosaikfußboden im Baderaum des Westpalastes. Die Ergänzungen wurden während der Zeit gemacht, in der die Zeloten diese Räume bewohnten.

Dieser Teil des Palastes war mit Unmengen von Asche und Steinschutt bedeckt, in denen Hunderte von zerbrochenen Bronzegefäßen gefunden wurden. Es waren ohne Zweifel Gebrauchsartikel im Palast gewesen. Die Hofmauern waren in herodianischer Art mit Putz überzogen, um den Eindruck von Marmor vorzutäuschen, und Überreste von zwei verputzten Steinsäulen wurden gefunden. Die große Menge von Steinschutt, die den Palast bedeckte, veranlaßte die Archäologen zu der Meinung, daß dieses Bauwerk aller Wahrscheinlichkeit nach zwei Stockwerke besessen hatte. Das Mosaik in der Empfangshalle war von Schatzgräbern zerstört worden — scheinbar nach dem Fall Masadas —, doch glücklicherweise war nur ein Teil vernichtet und der Ostabschnitt blieb intakt. Das Mosaik besteht aus geometrischen Figuren mit sechs strahlenförmigen Einfassungen in stilisierten Blumenmotiven. Man nimmt an, daß dies das früheste Mosaik dieser Art ist, das im Land gefunden wurde — jedenfalls ist es das schönste. Ein anderer Mosaikboden wurde im Korridor, der zum Baderaum führt, entdeckt.

Der königliche Baderaum ist ein anderes Beispiel von Prunk und Luxus. In ihm ist eine Badewanne mit fließendem Wasser und ein Kaltwasserschwimmbad installiert. Auch dieser Baderaum war mit einem Mosaikfußboden — wenngleich in einem einfacheren Muster — ausgestattet.

Außer den königlichen Gemächern enthielt der Westpalast auch Dienstbotenviertel, Küchen, Werkstätten, Amtsräume und große Vorratskammern. Im nördlichen Teil entdeckten die Forscher eine unterirdische Zisterne, die mit Regenwasser vom Dach gespeist wurde. Der ganze Palast stellte in der Tat einen unabhängigen und selbständigen Bereich dar, der sich allein versorgen konnte. Nahe am Westpalast wurden einige kleine Bauten entdeckt. Sie waren überschwenglich dekoriert und fungierten wahrscheinlich

64

64. Ein beflügelter Besucher des Westpalastes. Zweifellos waren auch seine Vorfahren hier zu Gast.

65

65. Dieses Mosaik aus dem Westpalast wirkt einfacher, ist aber dennoch in seiner Präzision erstaunlich.

als Wohnungen für Mitglieder der Königsfamilie. Zwischen diesen Gebäuden und dem Westpalast ist ein großes Schwimmbad angelegt, in das eine Treppe hinabführt. Das Ganze macht einen hochmodernen Eindruck. Münzen und andere Gegenstände, die am Grund des Schwimmbeckens gefunden wurden, bezeugen, daß diese königliche Luxusinstitution auch von den anspruchsloseren jüdischen Eiferern benutzt wurde.

66

66. Die verputzten Stufen, die in das Schwimmbad hinabführen.

67

67. Die Wandnischen sind für die Kleider der Badenden bestimmt.

68

68. Gesamtansicht der Vorratskammern. Einige sind rekonstruiert und andere wurden in dem Zustand gelassen, in dem sie vorgefunden wurden.

Masada mußte außer der königlichen Gefolgschaft auch eine große Militärgarnison beherbergen und es war klar, daß Vorrichtungen zu treffen waren, diese — insbesondere in Belagerungszeiten — zu verköstigen. Eine Reihe von Vorratsräumen, die man nur durch ein einziges Tor betreten konnte, wurde an der Nordseite der Mauer gefunden. Einige Magazine wurden wiederaufgebaut und sie sind auch heute noch so eindrucksvoll, wie sie damals Josephus erschienen:

"Der Vorrat, der drinnen aufgespeichert war, war in seiner Fülle und Mannigfaltigkeit erstaunlich. Die Lebensmittel waren in ausgezeichnetem Zustand. Eine große Menge Getreide — genug für einige Jahre — war hier zu finden, auch viel Wein und Öl, die verschiedensten Hülsenfrüchte und Unmengen von Datteln."

Es scheint, daß Herodes die Möglichkeit voraussah, lange in dieser Wüstenfestung aushalten zu müssen und deshalb seine Vorbereitungen demgemäß traf.

Das Ausgraben der Vorratskammern war eine sehr schwere Aufgabe. Die Mauern und Dächer waren im Laufe der Jahrhunderte eingefallen. Da die Grabungen auf Masada nicht nur archäologisches Wissen um diese Periode bereichern sollten, sondern auch die Restauration dieser Stätte bezweckten, beschloß man, zuerst wiederaufzubauen, und nachher zu graben. So konnten die Archäologen die Unmenge von Steinen, die in jedem Fall entfernt werden mußten, benutzen. In den Vorratskammern zeichneten die Archäologen (wie auch in allen anderen Bauten) den Grad der Rekonstruktion durch eine dicke schwarze Linie an. Der Mauerteil unter der Linie ist original, der Teil über der Linie ist rekonstruiert.

69. Die schwarze Linie ist eine Restaurationsmarkierung. Der Teil über der Linie wurde von Jigael Jadins Forschungsgruppe aus Steinen errichtet, die an dieser Stätte gefunden wurden.

69

70

71

70. Die Vorratskammer mit den Versenkungen im Fußboden.
71. Dies Bild zeigt an, wieviel Arbeit man aufwenden muß, um den Schutt wegzuräumen und die Magazine zu restaurieren.

Die Vorratskammern sind lang und schmal, und sie wirken fast modern. Scheinbar wurde jede Kammer für einen besonderen Artikel benutzt, und zumindest ein Raum fand sich, der zum Aufbewahren von Flüssigkeiten – Öl und Wein – diente. Hier fand man drei kleine Gruben im Fußboden, um verschüttete Flüssigkeit beim Umgießen von großen Behältern in kleinere aufzusammeln. Es erleichterte auch das Reinigen des Fußbodens. Eine große Menge von Kunsterzeugnissen – unter ihnen Keramikgefäße und Münzen – wurden in den Magazinen entdeckt. Auf vielen Gefäßen fanden sich Markierungen, einige trugen den Namen des Besitzers, auf anderen waren Ritualsymbole erkenntlich, die andeuten, daß diese für Benutzung der Priester reserviert waren.

Alle, außer zwei der ausgegrabenen und restaurierten Vorratskammern, waren verbrannt, und diese zwei waren vollkommen leer. Josephus hatte aber berichtet, daß die Eiferer beschlossen hatten, ihren Proviant nicht zu

72

72. Ein Bau neben den Vorratskammern. Scheinbar war dies ein Teil des Administrationstraktes.

vernichten, um den Römern zu zeigen, daß sie nicht aus Verzweiflung und Hungersnot Selbstmord begingen. Warum sind dann die Vorratskammern verbrannt? Sollte dies das Werk der Römer sein? Es ist nicht anzunehmen, daß eine römische Garnison ausgezeichnetes Essen vernichtet hätte. Professor Jadin ist der Meinung, daß die Zeloten zwei Magazine mit Proviant gefüllt zurückließen, um ihre Absicht zu demonstrieren, und die anderen in Brand steckten. Die römischen Truppen nahmen den Vorrat, den sie fanden und daher wurden die ausgegrabenen Vorratskammern leer aufgefunden.

Das Leben auf Masada erforderte auch ein gewisses Maß von administrativer Arbeit, insbesondere in der Nahrungsverteilung. Dies trifft gleichermaßen auf das Gefolge von König Herodes und auf die Zelotengemeinde zu. Obgleich ausgezeichneter Nahrungsvorrat vorhanden war, war Masada immerhin eine Festung und irgendein System von Zuteilung der Nahrungsmittel war unerläßlich, obgleich dies ziemlich liberal gehandhabt werden

73

73. Ein Bau in der Nähe des großen Badehauses. Die verzierten Säulen deuten an, daß er für irgendeinen offiziellen Zweck benutzt wurde.

74

74. Diese Bank stand am Eingang zum Vorratskammerntrakt. Der Verputz sollte den Eindruck von Marmor erwecken.

konnte. Das Verwaltungsgebäude der Festung war ein großer Bau, der sich an der Westseite des Magazinblocks befand. Es besaß einen weiten, offenen Mittelhof. Die Zeloten fügten jedoch ein Ritualbad, eine *mikwa*, hinzu.

75

75. Die mikwa *(das Ritualbad) im nördlichen Administrationstrakt.*

76

76. Die mikwa *im südöstlichen Teil der Kasemattenmauer. Dies Bild, wie auch das vorige, demonstriert, daß die Konstruktion eines Ritualbades peinlich genau geplant wurde.*

Viele Entdeckungen auf Masada zeugen davon, daß die Zeloten nicht nur fanatische Patrioten, sondern auch extrem gesetzestreue Juden waren. Für sie war ein Ritualbad — wie auch heute für orthodoxe Juden — eine unbedingte Notwendigkeit. Wenn sich Essener oder andere Mitglieder der Qumrangruppe — wie schon angedeutet — unter den Verteidigern befanden, war dies sogar noch wichtiger, da diese sich fortwährend läuterten. Die *mikwa* ist ein besonders dafür konstruiertes Bad, und man muß in ihrem Wasser vollkommen untertauchen, um das Läuterungszeremoniell traditionell zu begehen. Frauen müßen in einer *mikwa* nach ihrer monatlichen Regel untertauchen. Deshalb war eine *mikwa* für ein geregeltes Leben nach jüdischem Gesetz in der Festung unerläßlich. Auf Masada fanden sich de facto zwei solche Einrichtungen. (Die zweite wurde in einem Raum in der Kasemattenmauer nahe beim Südtor entdeckt.)

Das Ritualgesetz beschreibt die Bedingungen für die Anlage einer *mikwa;* sie muß mit frei fließendem Naturwasser (Regen-, Quell- oder Flußwasser) gefüllt werden, welches man nicht mit Gefäßen ins Bad schütten darf. Sogar heute erschwert diese Bedingung die Installation einer *mikwa.* Die gewöhnliche Methode besteht darin, zwei Becken anzulegen, die mit einer schließbaren Verbindungsröhre ausgestattet sind. Das eine enthält Regenwasser, das andere gewöhnliches Leitungswasser. Wenn nun die *mikwa* benutzt wird, öffnet man die Verbindungsröhre und das Wasser vermischt sich. Das gewöhnliche Leitungswasser wird nun vom Regenwasser "geläutert". Die *mikwaot* auf Masada waren genau nach dieser Art konstruiert. Ein offener, verputzter Kanal führt in ein Becken (mit Speicherwasser) und dieses ist mit einem anderen (dem Tauchbad) verbunden. Zwischen ihnen fand man ein kleineres, separates Becken, in welchem man vorher badete. Israelische Rabbiner prüften die Bäder auf Masada und erklärten, daß die Anlage haargenau mit den Vorschriften übereinstimmt.

Ein anderer Fund, der die Frömmigkeit von Masadas Verteidigern beweist, ist die Synagoge. Der Bau liegt nördlich des Westtores, durch welches

77

77. Das byzantinische Tor an der Westseite. Scheinbar war der Haupteingang, den die Mönche benutzten, im Westen.

78

78. Drei Säulen in der Synagoge. Die Gemeinde saß auf den Stufen im Hintergrund.

man das Gipfelplateau betritt. Das Tor selbst stammt aus der byzantinischen Periode. Die Synagoge liegt teilweise innerhalb der Mauer und teilweise auf dem Plateau selbst. Scheinbar bauten die Zeloten den Raum, den sie vorfanden, um. Ursprünglich befand sich der Eingang mit zwei Säulenreihen im Osten. Die Zeloten fügten Innenwände hinzu, um einen kleineren Raum im Westen zu schaffen und sie rissen die Mauer zwischen dem Eingang und dem Hauptraum der Synagoge ein. Anstelle dieser Mauer wurden nun die zwei Säulen aufgestellt, die sie entfernt hatten, um den kleinen Raum zu errichten. Der Hauptraum, der so geschaffen wurde, warnun mit Bänken rings an den Wänden versehen. Die Sitze waren aus Steinen gemeißelt, die von anderen Gebäuden, insbesondere vom Nordpalast, hierhergebracht und mit Putz überzogen wurden. Der Bau hat zwei Grundflächen. Die tiefere ist aus der Regierungszeit Herodes, die höhere wurde von den Zeloten hinzugefügt. Die römische Garnison benutzte diesen Ort scheinbar als Stall, da man Tiermist zwischen beiden Fußböden fand.

Als der Bau entdeckt wurde, hatten die Archäologen Bedenken, ihn definitiv als Synagoge zu bezeichnen. Sie waren zwar ziemlich sicher, daß es sich um eine Synagoge handle, er stand in Richtung Jerusalem und der Eingang war – wie vorgeschrieben – im Osten. Wenn es wirklich eine Synagoge war, war sie die früheste, die je entdeckt wurde und mehr noch als dies: es wurde dort – wenigstens teilweise – noch zur Zeit, als der Tempel in Jerusalem stand, gebetet. Eine so bedeutende Entdeckung konnte man nur proklamieren, wenn man absolute Gewißheit hatte. Als dann die Archäologen zwischen beiden Fußböden Aufbewahrungsplätze entdeckten, in denen sich biblische Schriftrollen fanden, schwanden ihre Zweifel. Sie verkündeten, daß sie die Synagoge der Zeloten auf Masada entdeckt hatten. Professor Jadin ist der Meinung, daß dieser Bau auch zu Herodes Zeiten als Synagoge für seine Familie und Juden aus seinem Gefolge fungierte. Bei den gefundenen Rollen handelt es sich um Teile des Buches Hesekiel (die Vision der verdorrten Gebeine) und um den letzten Abschnitt des 5. Buches Mose. Vielleicht waren die Rollen für religiöse Zwecke unbrauchbar und wurden deshalb zur Seite gelegt; vielleicht wurden sie kurz vor dem Ende versteckt, um zu verhindern, daß die Römer sie verunreinigten. Am Fußboden wurden zahlreiche Münzen gefunden, und in dem kleinen Raum waren Brandspuren zu sehen. Vielleicht setzten die Zeloten alle Möbel und Wertobjekte in Brand.

79

79. Blick auf das Gipfelplateau vom Inneren der Synagoge, die in Richtung Jerusalem steht.

80

80. Der Eingang zum kleinen Zimmer, das die Zeloten zur Synagoge hinzufügten.

Östlich der Synagoge, nicht weit entfernt, steht ein anderes Gotteshaus, welches nichtjüdischen Ursprungs ist. Es handelt sich um die Kirche, die von byzantinischen Mönchen, den letzten Bewohnern Masadas, errichtet wurde. Dieser Bau ist in besserem Zustand als die anderen, er ist ja auch verhältnismäßig jünger. Die Mauern stehen teilweise noch und ziehen die Aufmerksamkeit von Besuchern, die nach Masada kommen, auf sich.

Die Apsis im Hauptschiff der Kirche ist nach Osten gerichtet und die Wände waren verputzt und reichlich mit Keramik und kleinen Kieselsteinen,

81

81. Teilansicht der byzantinischen Kirchenmauer. Die Tonstückchen, die in den Verputz eingelassen sind, formen geometrische Muster.

82

82. In dieser Gesamtansicht der Kirchenmauer kann man das Grundmuster deutlich erkennen.

83

83. Die Kirche war nach Osten gerichtet. Das Fenster liegt in Richtung sum Toten Meer. Der herrliche Mosaikfußboden in diesem Raum wurde zerstört.

die in geometrischen Mustern angeordnet waren, dekoriert. De Saulcy behauptet, die Kirche hätte einen Mosaikfußboden gehabt und er schreibt, daß er einige Steinstückchen davon als Andenken an seinen Besuch mit sich nahm. Scheinbar gingen auch andere in seinen Fußstapfen, denn außer einem kleinen Abschnitt am Nordende ist das Mosaik verschwunden. Die Archäologen wandten nun ihre Aufmerksamkeit dem Nebenraum zu und wurden durch einen fast vollkommen erhaltenen Mosaikfußboden überrascht, der sechzehn Rundfelder mit Darstellungen von Bäumen, Trauben, Granatäpfeln, einem Eierkorb mit einem Kreuz verziert, wie auch rein geometrische Muster aufwies. Die ganze Stätte war mit Tausenden von herumliegenden Steinquadern bedeckt.

Etwas weiter, nordwestlich der Kirche, steht zwischen dieser und den Lagerräumen ein großer Bau, der um einen zentralen Hof angelegt ist. Da er aus gleichförmigen Abteilungen besteht, nahmen die Forscher an, daß dies die Wohnräume hoher Beamter aus Herodes Zeit und später der Zelotenführer waren. Jede Abteilung besteht aus einem großen Raum (oder Hof) und zwei kleinen Zimmern. Die religiösen Eiferer, die mehr Platz brauchten, bauten an, und die byzantinischen Mönche errichteten ein weiteres Bauwerk im Hof. Dieses "Wohnhaus" ist wegen der Münzen, insbesondere der *Schekel*, die in den Räumen gefunden wurden, nennenswert.

In einem Raum war ein Hort von Silbermünzen, der in Leinen gewickelt war, unter dem Fußboden verborgen worden. Es waren 38 Schekelmünzen und halbe Schekel. Nicht weit entfernt davon fand man einen Geldkasten aus Bronze mit sechs Schekeln und sechs halben Schekeln. Dies sind die bedeutendsten Schekelfunde, die gemacht wurden.

84

84. Teilansicht des Mosaiks, das im Nebenschiff der Kirche entdeckt wurde.
85. Der Wohnblock. Auch in den Ruinen ist die symmetrische Anlage noch erkennbar.
86. Dieser Silberschekel wurde im 5. Jahr des Aufstands geprägt. Auf ihm ist zu lesen: "Das Heilige Jerusalem" und "Ein Schekel aus Israel."

85

86

87

87. Teilansicht des rätselhaften Kolumbariums.

88. Gesamtansicht. Die Wandnischen hatten zweifellos eine Bestimmung. Leider weiß man nicht, welchem Zweck sie dienten.

Die Tätigkeit des Archäologen gleicht in vielen Beziehungen einer Detektivarbeit. Er entdeckt Anhaltspunkte, aus denen er auf Tatsachen schließt, die im Bereich der Vergangenheit liegen. Die Archäologen von Masada lieferten uns ein ziemlich vollständiges Bild vom Leben auf diesem Berg und alle Funde fügten sich organisch in dies Bild ein. Doch nun entdeckten sie südöstlich vom Westpalast ein Bauwerk, welches nicht in dies Bild hereinpassen wollte. Es handelt sich um einen Rundbau mit einer Trennwand. Sowohl in der Rundmauer als in der Innenwand sind kleine ziegelsteingroße Nischen. Der Bau ist unter dem Namen *Kolumbarium* bekannt (wörtlich: Taubenhaus). Ursprünglich nahm man an, daß er für diese Vögel bestimmt war, entweder zu Kommunikationszwecken (Taubenpost) oder einfach zum Vergnügen. Im Talmud wird erwähnt, daß Herodes ein begeisterter Taubenzüchter war und daß eine bestimmte Taubenart nach ihm benannt sei. Doch dann brachte ein Forscher von Professor Jadins Abteilung, der selbst auch Taubenzüchter war, einen dieser Vögel nach Masada, um zu prüfen, ob die Taube wohl in die Nische paßte. Und sie paßte nicht hinein! So wurde diese Kolumbariumstheorie hinfällig. Andere Annahmen waren, daß der Bau von Herodes nichtjüdischen Höflingen (oder möglicherweise von der römischen Garnison) benutzt wurde, um dort die Asche ihrer Toten aufzubewahren. (Die jüdische Religion erlaubt die Einäscherung nicht; jüdische Tote müssen beerdigt werden. Daher konnte dieser Bau — wenn er diesem Zweck diente — nur für Andersgläubige bestimmt gewesen sein).

88

89

90

89. Teilansicht von einem Kolumbariumsturm. Auch hier sind dieselben rätselhaften Wandnischen zu sehen.

90. Blick von einem Kolumbariumsturm, der im westlichen Teil der Kasemattenmauer steht.

Eine der lebhaftesten Illustrationen von Herodes Luxus ist das Badehaus, welches im Norden des Wirtschaftskomplexes neben Herodes privatem Palast steht. Was seine Größe und Spitzfindigkeit anbetrifft, kann sich diese Badeanstalt auf einem Berggipfel mitten in der Wüste mit jeder anderen in einer römischen oder griechischen Großstadt messen. Sie besteht aus einem

91

91. Woher wollten die Fachleute von Herodes den Treibstoff nehmen, um das caldarium *im Badehaus zu heizen? Vielleicht geben diese Bäume zu Füßen Masadas eine Antwort auf diese Frage.*

offenen Hof und vier Räumen: einem *caldarium* (wörtlich: Warmbad — eine Art von Sauna), einem *tepidarium*, einem *frigidarium* und einer Eingangshalle, die auch als Auskleideraum diente. Das *frigidarium* war ein kleiner Raum, der mit einem Kaltwasserbecken ausgestattet war. Das Becken und die Stufen, die herabführten, waren verputzt, damit das Wasser nicht in den porösen Stein absickern konnte. Dies war der einfachste Raum. Man verweilte nicht lange in kaltem Wasser. Daher wurde auch kein großer Aufwand gemacht, um die Badenden zu ergötzen. Das *tepidarium*, das ein Warmbad mit mäßiger Temperatur war (tepidus — lateinisch: lau), in dem der Badende vor und nach dem Schwitzbad in der Sauna rastete, war mit

92. Die Zeloten oder die Römer bauten dieses Bad im Ankleideraum neben dem Badehaus. Sie hatten keinerlei ästhetische Bedenken und bauten es auf dem Mosaikfußboden an die Mauer an.

92

93

herrlichen Wandmalereien verziert und hatte schöne Fliesen, die schwarzweiß gemustert waren. Nur wenige dieser Fliesen wurden gefunden, und man nimmt an, daß die Soldaten der römischen Garnison diese mitnahmen, als sie Masada im Jahre 111 n. Chr. verließen. Das *caldarium* ist der interessanteste Teil dieser Thermenanlage. Der Raum hatte einen doppelten Fußboden, von dem der obere auf mehr als zweihundert Ziegelsäulchen ruhte. Eine Heizanlage pumpte von außen Heißluft in den Zwischenraum zwischen beiden Böden. Von hier wurde die heiße Luft durch rechteckige Tonrohre in den Baderaum geleitet. Die Rohre waren an den Seiten durchlöchert, so daß die Hitze sich gleichmäßig ausbreiten konnte. Viele solcher Rohre wurden an dieser Stätte gefunden, einige waren noch am ursprünglichen Platz in den Wänden installiert. An einer Seite des Warmwasserbades war eine Quarzwanne in eine Vertiefung eingelassen. Sie war mit Wasser gefüllt, das von außen durch ein Bleirohr geleitet wurde. Das Wasser überschwemmte den Raum und verdampfte.

Alle diese Räume waren überschwenglich verziert. Sie hatten höchstwahrscheinlich auch Deckenmalereien. Der Hof war ursprünglich mit Säulen umgeben, die ein Dach oder einen Baldachin trugen. Nur zwei von diesen Säulen wurden am Eingang zum Auskleideraum gefunden, doch entdeckte man im Baderaum und in anderen Gebäuden Säulenfüße, die von den Zeloten wiederbenützt wurden. Das Badehaus selbst wurde verschiedentlich abgeändert. Die Forscher kamen zur Überzeugung, daß die ursprünglichen Erbauer das Bodenmuster im Laufe des Bauens änderten, und daß die Zeloten später ein kleineres Bad und Bänke längs den Wänden hinzufügten. Es steht außer Zweifel, daß dies ein Gesellschaftszentrum auf Masada war. Wer je einen Tag in der drückenden Hitze der judäischen Wüste verbracht hat, wird die Bedeutung dieses Bades zu schätzen wissen.

93. Der Fußboden des Heißwasserbades war auf diesen Säulenfüßchen gebaut und Heißluft wurde in den Zwischenraum gepumpt.

Das auffallendste Bauwerk an dieser eindrucksvollen Stätte ist wahrscheinlich der Palast am Nordende des Gipfelplateaus. Dies war ein Privatpalast, oder eine Villa — ein ungezwungener Aufenthaltsort, an dem der König und seine Freunde die Zeit angenehm verbringen konnten. Die technischen Schwierigkeiten beim Bau dieses Palastes waren ungewöhnlich. An keinem anderen Ort manifestiert sich die Bauleidenschaft Herodes so eindringlich wie an dieser Villa, die über dem Abgrund hängt.

94. Blick vom Nordbug Masadas. Bei klarem Wetter kann man die Oase von En Gedi sehen.

Das Nordende der Gipfelebene sieht wie ein zugespitzter Schiffsbug aus. Darunter sind drei riesenhafte stufenartige Terrassen erkennbar. Sie sind zwar nur einige Meter breit, doch zeichnen sie sich sehr auffällig am Bergprofil ab. Die Ruinen auf diesen Terrassenstufen fielen schon auf, als Masada zum erstenmal identifiziert wurde, doch damals nahm man an, es handle sich um Verstärkungsanlagen. Josephus gab eine genaue Beschreibung des Palastes auf Masada, doch bis zu den fünfziger Jahren unseres Jahrhunderts nahmen die Archäologen an, daß er den Westpalast, der schon erwähnt wurde, meine.

"Er [Herodes] *baute auch einen Palast am Westabhang unter den Verstärkungen am Berggipfel, der sich nach Norden zieht. Die Mauer dieses Palastes war sehr hoch und stark, mit Türmen an den vier Ecken. Der Plan der Innenräume, der Kolonnaden und Baderäume war mannigfaltig und prächtig, die Stützpfeiler waren jeweils aus einem einzigen Stein gehauen, die Trennwände und Fußböden waren mit vielfarbigen Steinen belegt . . . Ein vertiefter Weg, von außen nicht erkennbar, führte vom Palast zum Berggipfel".*

Die auffälligen Widersprüche zwischen dieser Beschreibung und dem Westpalast, wie ihn die Archäologen entdeckten, wurden der ungenauen Darstellung Josephus zugeschrieben, welcher — so dachte man — seiner Phantasie keine Zügel angelegt hatte. Auf diesen Palast bezogen ist die Darstel-

95

95. Diese Säulenkapitelle schmücken den Nordpalast von Herodes.

96

96. Die drei "Stufen" des Nordpalastes, von Westen gesehen. Die Säulen auf der untersten Flächenebene sind aus Steinen, die an dieser Stätte gefunden wurden, rekonstruiert.

lung vollkommen falsch: Der Westpalast ist innerhalb der Mauern und nicht "unter den Verstärkungen", noch "zieht er sich nach Norden". Außerdem wurde keine Bestätigung für die Erwähnung einer "Mauer des Palastes, die sehr hoch und stark" sei, oder eines "vertieften Weges" gefunden. Als Masada in den frühen fünfziger Jahren unseres Jahrhunderts zum erstenmal von Norden her begangen wurde, erkannte man sofort, daß dies die Reste eines Palastes waren. Eine der Hauptaufgaben, die sich Jadin gestellt hatte, war, diese Nordstufen zu untersuchen.

97

97. Die verputzte Mauer, die den Nordpalast von Herodes umgrenzte und ihm sein Privatleben gewährte.

Der Nordpalast war durch eine gewaltige verputzte Mauer vom Rest des Gipfelplateaus abgetrennt. Hinter dieser Mauer verengt sich die Gipfelebene zur ersten der drei stufenförmigen Terrassen. Der Palast konnte nur durch ein Tor, das sich nahe am Ostende der Mauer befand, betreten werden. Die obere Flächenebene des Palastes liegt etwas höher als die der Vorratskammern, des Badehauses und des naheliegenden Wirtschaftsgebäudes. Auf dieser Flächenebene befanden sich Herodes Wohngemächer, die aus vier Zimmern und einem halbrunden Balkon bestanden, der auf Richtung En Gedi schaut. Die Räume waren verschwenderisch dekoriert und die Fußböden waren mit schwarzen und weißen Mosaiksteinen in geometrischer Ornamentik gefliest. Die mittlere Terrasse war eine Art von Pavillon, der auf

98

98. Überreste auf der mittleren Flächenebene. Scheinbar war dies eine Stütze für den Palastfußboden auf dieser Ebene.

99

99. Unechte Säulen im hinteren Teil der mittleren Flächenebene. Sie waren aus der Mauer herausgearbeitet und sollten den Eindruck von Tiefe erwecken.

einer seltsamen Rundmauer errichtet wurde, deren Überreste zwei konzentrische Mauerkreise erkennen lassen, die konisch ineinandergebettet erscheinen. Vielleicht war dies die architektonische Lösung des Problems, wie man einen Flachbau ohne angemessen große Basis errichten kann. Diese Terrasse hatte wahrscheinlich ein von Säulen getragenes Dach. Die tiefste Terrasse —

100

100. Nahansicht von der Struktur der mittleren Flächenebene.
101. Eines der Säulenkapitelle, das auf der untersten "Stufe" entdeckt wurde. Die feinen Verzierungen zeugen vom hohen ästhetischen Niveau der Erbauer.
102. Die Säulen auf der untersten Flächenebene, wie sie heute zu sehen sind.

101

102

heute wohl die eindrucksvollste – bestand aus einer großen Halle und einem Patio. Die Halle war herrlich dekoriert und große Teile der Wandmalerei waren unter dem Steinschutt, der sie jahrhundertelang bedeckt hatte, erhalten geblieben. Eines der Probleme, vor das sich die Forschungsexpedition Jadins gestellt sah, war die Erhaltung dieser Wandmalereien. Zahlreiche wissenschaftliche Methoden wurden in Betracht gezogen. Heute sind die Wandmalereien dort zu sehen, wo sie ursprünglich waren und es bleibt zu hoffen, daß sie auch weiter in gutem Zustand erhalten bleiben – zum Nutzen und zur Freude künftiger Generationen.

103. Die Fresken auf der untersten Flächenebene von Herodes Nordpalast. Die Forschungsexpedition von Jadin wandte viel Mühe auf, diese einzigartigen Bilder in situ *zu erhalten, damit die Besucher von Masada diesen Teil des Palastes so sehen können, wie er zu Zeiten Herodes aussah.*

103

Die mittlere Terrasse liegt an die zwanzig Meter unter der oberen, und die unterste weitere fünfzehn Meter tiefer. Diese drei Terrassen waren durch eine Treppe verbunden, die leider nur teilweise erhalten blieb. Heute kann man die beiden unteren Terrassen durch eine Außentreppe betreten. Die Konstruktion dieser Treppe war eine verzwickte Aufgabe, die von technischen Fachgruppen der Israelischen Verteidigungsarmee bewältigt wurde.

104

104. Der Anfang der Treppe, die von der untersten Ebene des Palastes hinaufführte. Leider wurde der größte Teil dieser Treppe im Laufe der Jahrhunderte zerstört.

105

106

105. Ein Blick auf den Berg zwischen der oberen und der mittleren Flächenebene.
106. Die Treppe, die am Bergabhang hängt, gesehen von der untersten Flächenebene. Die Einzäunung ist eine Sicherheitsmaßnahme. Die Stützmauern der mittleren Ebene sind gut erkenntlich.

107

107. Dieses Panorama hatte König Herodes, wenn er nach Norden blickte. Es ist bis heute unverändert geblieben. Der Nebel über dem Toten Meer kommt von den penetranten Ausdünstungen dieses Wüstensees.

Was mag der Grund gewesen sein, der Herodes bewog, soviel Aufwand und Geld in den Bau dieses wunderlichen Schlosses zu stecken? Es gibt darüber verschiedene Vermutungen. Erstens gewährte es ihm absolutes Privatleben. In dieser Villa war er vollkommen von allem Geschehen auf dem Berge abgeschlossen. Zweitens: er hatte von hier einen unvergleichlichen Blick nach Osten, Norden und Westen. Der dritte und vielleicht wichtigste Grund mag gewesen sein, daß dies Schloß den größten Teil des Tages über im Schatten liegt und auf einem kahlen Berggipfel in der Wüste nahe beim Toten Meer, auf den die Sonne das ganze Jahr hindurch erbarmungslos niederbrennt, ist dies ein sehr wichtiger Punkt.

108

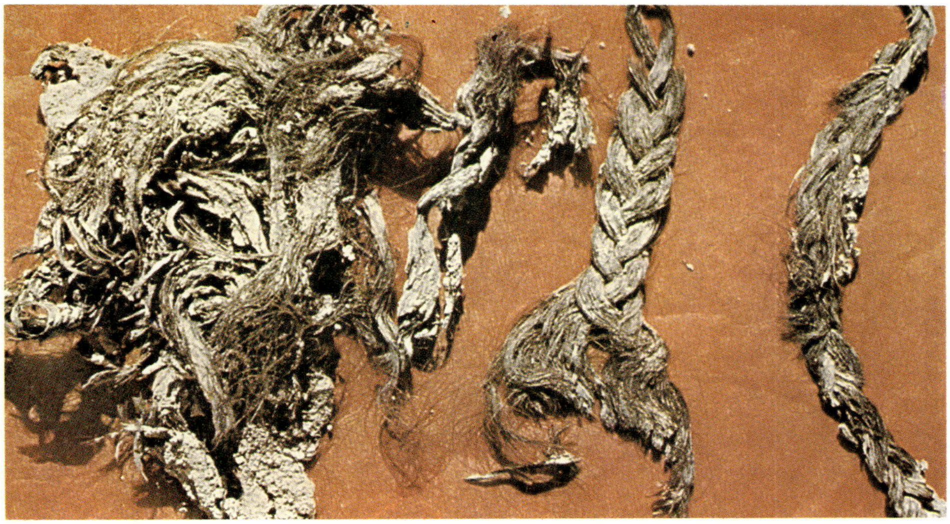
109

110

108. Eine Sandale, die im Baderaum des Nordpalastes gefunden wurde. Sie wurde neben den Gebeinen einer jungen Frau entdeckt.
109. Diese Haarflechte war vielleicht der erregendste Fund, den die Archäologen machten.
110. Die Treppe, die ins Badehaus von Herodes Villa führte.

Am untersten Stockwerk der Villa installierte Herodes ein kleines Badehaus mit allen Bequemlichkeiten, eine Miniaturimitation des geräumigen Badehauses am Gipfelplateau. Als die Forscher diesen Teil der Villa untersuchten, fanden sie Anzeichen eines großen Brandes und die Skelette eines jungen Mannes, einer jungen Frau und eines Kindes. Daneben lagen Waffen, mit Silber überzogene Schuppen eines Panzerhemdes und Teile eines Gebetsschals. Wegen des trockenen Klimas war das Haar der Frau noch in dichten Flechten erhalten. Es war mit einem Tuch bedeckt und daneben fanden sich auch ihre Sandalen. Kann es sein, daß dies die Überreste von einem Kommandanten der Zeloten und seiner Familie sind? Ist dies vielleicht der definitive Beweis, der die Erzählung von Josephus bestätigt?
"*Schließlich machten die neun* [Männer, die nach dem Massenselbstmord übrigblieben] *ihren Hals frei und der letzte, der zurückblieb, untersuchte nochmals die dichtgedrängten Reihen der Toten, um festzustellen, ob nicht jemand zurückgeblieben sei. Als er nun alle tot vorfand, setzte er die Stätte in Brand. Danach nahm er all seine Kraft zusammen und trieb sein Schwert durch seinen eigenen Körper*".

An diesem fünfzehnten Tag des Monats Nissan (2. Mai 73 n. Chr.; einige Gelehrte sind jedoch der Meinung, es sei im Jahre 74 gewesen), nachdem der Erdwall niederbrannte, war es sogar den Zeloten selbst klar, daß Masada verloren war. Die Römer zogen sich in ihre Lager zurück und verstärkten die Belagerungswache, um zu verhüten, daß jemand entkomme. Sie rüsteten sich zum endgültigen Angriff. Doch Eleasar, der Anführer der jüdischen Kämpfer, hatte keinerlei Absicht, zu fliehen oder jemandem zur Flucht zu verhelfen. Er wußte nur zu gut, was das Schicksal der Überlebenden sein würde und daß der einzige ehrenhafte Ausweg der Tod sei.

"Er beschloß, daß unter diesen Umständen dies [der Tod] *das klügste war. So versammelte er die tapfersten seiner Kameraden und sprach zu ihnen: 'Meine wackeren Kameraden, schon lange steht unser Entschluß fest, weder den Römern, noch keinem anderen, außer unserem Gott, zu dienen. Nur er allein ist der wahre und gerechte Gott der Menschen. Nun ist die Stunde gekommen, und wir müssen unseren Glauben durch die Tat bekräftigen . . . Nie haben wir uns sklavenhaften Bestimmungen unterworfen, selbst dann nicht, wenn sie ungefährlich waren. So wollen wir auch jetzt nicht die Sklaverei wählen, die uns Gewalt antun und das Ende von allem bedeuten wird, wenn wir lebend in die Hände der Römer fallen . . . Und ich glaube, Gott gab uns dies Vorrecht, frei und ehrenhaft zu sterben . . .' "*

111. Der konkrete Beweis der unerbittlichen römischen Belagerung Masadas. Die Lager und die Belagerungsmauer vereiteln jeden Fluchtversuch.
112. Diese Teilansicht vom Titusbogen in Rom erläutert das Geschick, welches den Verteidigern von Masada blühte und welches sie um jeden Preis verhindern wollten: sie wären als Sklaven nach Rom gebracht worden, wie ihre Vorgänger, die hier abgebildet sind, wie sie die menora *aus dem zerstörten Tempel mit sich tragen.*

111

Es ist anzunehmen, daß Josephus der Autor dieser Worte war, die er in Eleasars Mund legte. Einige Gelehrte erkennen in ihnen den Einfluß einer stoischen Weltanschauung, die Eleasar wahrscheinlich verworfen hätte. Andererseits muß Josephus als früherer Anführer des Aufstands gegen die Römer mit der Ideologie der Zeloten vertraut gewesen sein. Jedenfalls — ob nun die Version, die Josephus uns von der Rede Eleasars gibt, authentisch ist oder nicht — wir haben keine andere.

Eleasar fährt fort und sagt, daß die Niederlage die Strafe für die Sünden der Juden sei, denn sonst "hätte Er Seine Augen nicht vor dem Tod so vieler Tausender verschlossen oder zugelassen, daß Seine Heilige Stadt eingeäschert werde".

"Darum laßt uns unsere Strafe nicht an unsere bittersten Feinde, die Römer, abzahlen, sondern an Gott — mit unseren eigenen Händen. So wird es uns leichter sein. Lasset unsere Frauen sterben, bevor sie geschändet werden und unsere Kinder, bevor sie den Geschmack der Sklaverei gekostet haben und nachher laßt uns dasselbe glorreiche Schicksal — einer durch die Hand des anderen — teilen und unsere Freiheit bewahren".

Eleasar schlug vor, all ihren Besitz und die ganze Festung zu verbrennen, um den Römern nichts zu hinterlassen. Nur der Proviant sollte unangetastet bleiben, damit er bezeuge, daß nicht der Hunger die Kämpfer auf Masada zu dieser grauenhaften Tat getrieben habe.

Der Aufruf fand jedoch keine einmütige enthusiastische Zustimmung und Eleasar war gezwungen, sich mit einer weiteren, stark gefühlsbetonten Rede an seine Hörer zu wenden, in der er das Sterben glorifizierte. "Tod

113. Diese Magazine wurden von den Zeloten niedergebrannt, da sie fest entschlossen waren, dem römischen Feind nichts zurückzulassen.

113

wird unseren Seelen Freiheit verleihen", und kein Grund sei vorhanden, ihn mehr zu fürchten als den Schlaf, den alle lieben. Er führte ihnen nochmals den Aufstand gegen Rom ins Gedächtnis und erwähnte wiederum, daß es Gottes Wille sei und keiner dagegen aufbegehren dürfe: "Schließlich sind wir alle geboren, um zu sterben, wir und all die, welche wir in die Welt setzten. Diesem Schicksal kann auch der Glücklichste nicht entrinnen". Er beschrieb die Alternative: Ihre Frauen würden vor ihren eigenen Augen geschändet werden, ihre Kinder würden der Sklaverei verfallen, und keiner von ihnen könnte es verhüten.

Man kann sich des Gefühls nicht erwehren, daß Josephus Eleasar als Sprecher für Ideen und eine Lebenshaltung benutzte, die er sich gerne selbst zuschreiben wollte, und er wäre stolz gewesen, wenn er den Mut hätte, nach ihren Grundsätzen zu handeln. Denn diese Reden sind ohne Zweifel stark gefühlsbetont. Diesmal hatten Eleasars Worte den gewünschten Effekt und die Verteidiger Masadas beschlossen einstimmig, die Festung in Brand zu stecken, ihre Frauen und Kinder zu töten und nachher Selbstmord zu begehen.

Es gibt überzeugende Beweise dafür, daß die Zeloten von Masada fromme Juden waren. Ihr Entschluß, den Freitod zu wählen, wirft daher ernsthafte Probleme auf. Die jüdische Religion verbietet Selbstmord in unmißverständlicher Weise. Das Leben ist ein Geschenk Gottes und keinem ist das Recht gegeben, sein eigenes oder das Leben anderer vorzeitig zu enden. Wie konnten diese frommen Juden nun diese Tat vollbringen? Hätten archäologische Forschungen nicht so viele Einzelheiten in der Darstellung Josephus bestä-

114. Die Knochen, die man im Süden fand, wurden in diesem Grab, welches auf der Erdrampe ausgehoben wurde, wieder bestattet.

114

tigt, wäre es ein leichtes gewesen, diese Geschichte als eine literarische Ausschweifung von Josephus abzutun, ein passender Abschluß einer heroischen Legende. Doch die Ausgrabungen auf Masada bewiesen, daß Josephus ein verantwortlicher und genauer Historiker war. Daß er dem Protagonisten seiner Geschichte Worte in den Mund legte, war eine allgemein übliche Prozedur (auch noch zu späteren Zeiten). Daß er jedoch wichtige Ereignisse frei erfand, ist in höchstem Grade unwahrscheinlich. Doch die Frage bleibt bestehen — und es gibt keine befriedigende Antwort darauf.

Einer Meinung nach war für die Eiferer Unterwerfung gleichbedeutend mit Abgötterei, und von Juden wird verlangt, lieber ihr Leben zu opfern, als dem Götzendienst zu frönen. Dies stimmt, doch das Gebot besagt, daß der Jude sich eher töten lasse, als diese Sünde zu begehen — und nicht, daß er selbst Hand an sich anlege! Eine andere Schwierigkeit besteht darin, daß Josephus die einzige Quelle für die Geschichte Masadas ist, und es ist äußerst seltsam, daß der Talmud, dies enorme Kompendium jüdischen Gesetzes und jüdischer Lehre nichts davon erwähnt. In rabbinischer Literatur aus dieser und der folgenden Periode findet sich keine Erwähnung von Masada. Andere Phasen des Aufstands gegen Rom, wie zum Beispiel die Zerstörung Jerusalems oder das Treffen von Rabbi Jochanan ben Sakai und Vespasian, werden in allen Einzelheiten erwähnt. Warum übergeht der Talmud Masada? Liegt der Grund vielleicht darin, daß die Gelehrten diesen letzten Schritt so verdammten?

Der Massenselbstmord von 960 Menschen war kein leichtes Projekt. Jeder mußte seine eigene Frau und seine Kinder umbringen und nachher wurden zehn Männer ausgelost, die die anderen töten mußten. Dann mußte einer dieser zehn seine neun Freunde töten und schließlich sein eigenes Leben nehmen. Professor Jadin beschreibt als einen der erregend-

115

115. Einige Ostraka, die man neben den Vorratskammern fand. Man vermutet, daß dies die Lose waren, nach denen die zehn Männer ausgelost wurden, die die anderen zu töten hatten und von denen derjenige, der als letzter zurückblieb, sich sein eigenes Leben nehmen mußte.

116

116. Die zwei Frauen und fünf Kinder, die am Leben blieben, versteckten sich wahrscheinlich in einem Kanalrohr oder auf einer Treppe.

sten Funde unter allen Ausgrabungsobjekten die Entdeckung von elf kleinen Tonscherben auf der Nordwestseite des Gipfelplateaus, nahe am Eingang zum Nordpalast. Auf jedem dieser Ostraka war ein Name geschrieben und sonst nichts. Es kann sein, daß es Spitznamen waren, die unter den Kämpfern üblich waren, oder ihnen von ihren Kameraden gegeben wurden. Einer dieser Namen war "Joaw", zu jenen Zeiten eine ziemlich ungewöhnliche Benennung. Er bedeutet "verwegen" und wurde dem Träger vermutlich seiner Tapferkeit wegen verliehen. Einer der Tonscherben war mit dem Namen "Ben Jair" gezeichnet, und dies kann auf Masada nur auf den Anführer, Eleasar ben Jair, zutreffen. Waren die die Lose, nach denen die letzten zehn und nachher der letzte ausgewählt wurden?

117

117. Die Gedenkmünze, die zur Erinnerung an das Geschehen auf Masada geprägt wurde.

Die Verteidiger waren überzeugt, daß niemand überleben und ihre Geschichte der Nachwelt erzählen würde. Sie waren im Irrtum. Zwei Frauen (eine von ihnen war mit Eleasar verwandt) und fünf Kinder hatten sich in einem Wasserrohr versteckt gehalten. Als die Römer am nächsten Morgen ohne jeglichen Widerstand in die Festung drangen und dort nur schwelende Verwüstung vorfanden, kamen diese aus ihrem Versteck heraus und erzählten ihnen, was sich zugetragen hatte.

"Als kein Widerstand geleistet wurde und nur Totenstille sie umgab — von innen schwelender Rauch und Lautlosigkeit allerorts — wußten sie [die Römer] *nicht, was zu denken. Schließlich stießen sie Kriegsgeschrei aus, in der Hoffnung, jemand würde sich zeigen. Die Schreie drangen in die Ohren der Frauen, die aus dem Rohr hervorkamen und den Römern einen genauen Bericht von dem Vorgefallenen erstatteten, und die zweite Frau wiederholte in klarer Weise die Worte Eleasars und berichtete, was danach geschah. Sie fanden es nicht leicht, ihr Glauben zu schenken . . . Als sie an die Reihen der toten Körper kamen, die da herumlagen, frohlockten sie nicht, sondern ehrten ihren adeligen Mut."*

Flavius Silva ließ eine Garnison auf Masada zurück, die wahrscheinlich bis zum Jahre 111 n. Chr. dort stationiert war (bis zum Prägungsjahr der letzten Münze, die dort gefunden wurde). Gelehrte sind der Meinung, daß die Römer auf Masada zumindest 40 Jahre blieben.

Obgleich der Bericht von Josephus über das Geschehen auf Masada jahrhundertelang bekannt war, bekam er mit der jüdischen Rückkehr ins Heilige Land an der Wende des vorigen und in den ersten Jahrzehnten dieses Jahrhunderts eine besondere Bedeutung. Heute betrachtet sich der Staat Israel als legitimer Erbe des Königreichs von Judäa, dessen letzter Halt Masada war. Die Stätte und ihre Geschichte haben für die Israelis eine gewaltige moralische und emotionale Bedeutung. Die Ausgrabungen und Restaurationsarbeiten von Professor Jadin erregten ungemeines Interesse, man wartete gespannt auf Pressekonferenzen, um zu hören, welche neuen und erregenden Funde gemacht wurden. Die Regierung ließ eine Masada-Gedenkmünze prägen, und eine Serie von Masada-Briefmarken wurde zu Ehren der archäologischen Funde herausgegeben.

118. Die Israel-Fahne auf dem Berggipfel symbolisiert die Pracht und das Elend Masadas.

118

119

119. *Eine* Bar Mizwa-*Feier in der Synagoge von Masada.*

Doch ist Masada für die Israelis mehr als ein nationales Symbol. Das Römische Reich herrschte kraft seiner Gewalt — selbst zur Zeit, als der verhältnismäßig demokratische Senat das Wort hatte. Nur die mächtigen Ostvölker konnten der Gier und dem ehrgeizigen Streben Roms widerstehen, weil sie stark waren und weil ihre geographische Entfernung ihnen dies ermöglichte. Die kleineren Nationen wurden von der römischen Großmacht verschlungen. Aber 960 Menschen auf Masada weigerten sich, das Unabänderliche hinzunehmen. Sie zogen den Tod vor.

Die Begebenheiten von Masada regen unsere Phantasie an, und die Stätte, an der sich diese zutrugen, macht das Geschehen durch die einzigartige Vermischung von Luxus und Schrecken noch dramatischer und eindrucksvoller.

Masada ist eine Botschaft vom Freiheitsdrang, der gegen Tyrannei ankämpft, von der Kraft des Geistes, der sich gegen Kaiserreiche auflehnt. Dieser Geist ist nicht tot, er lebt auch heute noch weiter in Israel.

ZUSÄTZLICHE FOTOGRAFIEN

Alinari (Nr. 11, 112); Bank of Israel (Nr. 86); Bibliothèque Nationale, Paris (Nr. 25); Shlomo S. Gafni (Nrs. 31, 32, 37, 41, 60, 64, 70, 74, 75, 95, 97, 104, 110, 111, 114); Photo Garo (Nr. 13); Government Press Office (Nr. 119); David Harris (Nr. 46); Israel Coins and Medals Corporation Ltd. (Nr. 117); The Israel Exploration Society (Nrs. 17, 109, 115); Israel Museum, the Shrine of the Book (Nr. 44); Zev Radovan (Nrs. 39, 40, 108).